人际沟通的奥秘

陈世霖◎编著

中国纺织出版社有限公司

内 容 提 要

生活中，任何一位朋友，都免不了要与人沟通，而会不会沟通，决定了你在未来人际关系的好坏、工作的顺利与否乃至人生的成功或失败。掌握沟通的奥秘，能让你左右逢源，受人欢迎。

本书通过活泼、生动的案例，深入浅出地向各位朋友阐述了获得出色的沟通能力的途径、方法和技巧，让你学习掌握在各种场景下的沟通艺术，从而帮助你在纷繁复杂的各种场景中都能应付自如。

图书在版编目（CIP）数据

人际沟通的奥秘／陈世霖编著. --北京：中国纺织出版社有限公司，2021.3

ISBN 978-7-5180-7958-2

Ⅰ. ①人… Ⅱ. ①陈… Ⅲ. ①人际关系学—青少年读物 Ⅳ. ①C912.11-49

中国版本图书馆CIP数据核字（2020）第194068号

责任编辑：闫　星　　责任校对：高　涵　　责任印制：储志伟

中国纺织出版社有限公司出版发行

地址：北京市朝阳区百子湾东里A407号楼　邮政编码：100124

销售电话：010—67004422　传真：010—87155801

http://www.c-textilep.com

中国纺织出版社天猫旗舰店

官方微博http://weibo.com/2119887771

三河市延风印装有限公司印刷　各地新华书店经销

2021年3月第1版第1次印刷

开本：880×1230　1/32　印张：6

字数：126千字　定价：39.80元

前言

生活中的朋友，不知你是否羡慕这样一些人，他们似乎掌握某种魔法：他们相貌平平、能力一般，但在自己的圈子里，却总是能如鱼得水，总是能获得他人的喜欢，仿佛无论走到哪里，都成为他人支持的对象。他们总是能受到上司的器重、客户的关照，所以，他们比别人更容易成功。也许你敬佩甚至是不服气他们的成功，并在心中疑问，他们到底是怎样做到的呢?

其实，他们并不是有什么通天的本事，而是掌握了与人沟通的奥秘。他们深谙如何说出让对方感到愉快的话、如何引导沟通方向、如何借助沟通达成自己的目的。的确，现代社会，无论是职场还是商场，一个人的口才就是软实力，决定了一个人的人际关系，如果别人认同你、喜欢你，就会愿意帮助你、与你开展合作，才能给予你更多的机会，让你获得成功。

生活中我们经常看到，会不会沟通真的太重要了，“一言可以兴邦，一言可以废邦”，一句话可以化干戈为玉帛，也可以让朋友之间老死不相往来；善于沟通的人在这个世界上能够御风而行万事顺意、不会沟通的人则如船搁浅滩步步难行。因此，我们可以长得不漂亮、不帅气，但一定要懂得沟通的奥秘，恰当地表达、巧妙地沟通。

当然，真正的沟通能力，不仅只是拥有滔滔不绝的说话能

力，更重要的是我们有见机说话的技巧，善于说话的人不一定说得很多，只是他每说过的一句话都能够恰到好处。那些高情商者之所以能将话说到点子上，还在于他能够通过语言来影响他人的心理，说出对方想听的，了解对方所担心的、顾虑的等。

每位朋友，都必须认识到沟通奥秘的重要性，并且要从现在起，就在生活和学习中有意识地提高自己的沟通能力和语言水平。因为任何人都不是天生的语言学家，都不可能生来就掌握沟通艺术。事实上，任何人只要做到不断学习和提高，都能轻松驾驭语言，轻松地与人交流。

事实上，可能我们每个人都希望找到一个语言导师来帮助自己提高沟通水平。但寻找的过程是艰难的，这里，我们推荐一本枕边书——《人际沟通的奥秘》。

本书为各位朋友提供了不同场合下的语言情景训练，从而更鲜活地教导你如何巧妙地与人沟通，增强你说话的能力。相信你在熟读本书后，一定会对如何沟通有一个更深层次的理解，更能让你找到如何在工作、社交上，甚至在生活中从容应对的奥秘，最终帮助你成为一个能说会道、受人欢迎的人。

编著者
2020年10月

目录

第 01 章

把握第一印象，掌握与初交者一见如故的沟通大法

学会寒暄，打开交际的局面

走在人潮如织、熙熙攘攘的大街上，如果陌生的人之间彼此擦肩而过，那么注定永远都只能是陌生人。但是如果陌生人之间能够成功搭讪，也许就会开始一段美好的交往。所以，大凡有奇遇的人，都是擅长交际且能够与他人寒暄的人。

现实生活中很多人虽然知道交际的重要性，也知道很多交际的技巧，但是他们并不完全认可交际书籍上的很多观点和做法。他们觉得无须如同交际书籍中所说的一样按部就班地问候他人，而是认为人与人之间更多的是应该说些有用的和实际的话，无须过于在乎寒暄的作用。实际上，这种观点恰恰错了。现实生活中，很多人之所以感到人际关系紧张，而且无法有效拓展人际关系，就是因为他们不善于寒暄。尤其是在现代社会，电子产品越来越普及，人们对于电子产品的依赖程度也越来越高，只有学会寒暄，才能帮助人们拓展人际关系，结交更多的人，也才能获得美好的交往体验。尤其是在陌生人之间，寒暄显得尤为重要，甚至关系到我们能否成功结识陌生人，从而获得良好的社交关系。

在地铁上，刘斌遇到了一个美丽的女孩儿。他的性格很内向，虽然他对这个女孩儿感觉非常好，也恨不得马上能认识

这个女孩儿，却始终无法张开嘴和那个女孩儿搭讪。女孩儿站在那里，亭亭玉立，面带微笑，刘斌的内心却在进行激烈的斗争。他不停地问自己："我如果和她搭讪，会被她拒绝吗？"然而，他始终无法给出自己确定的答案。这时，地铁的电路突然出现故障，地铁停了下来。车厢里的人马上开始窃窃私语，似乎这个偶发的事件打破了人们之间的陌生感，大家纷纷与邻座的人或者自己对面的人交谈起来。这时，刘斌抓住这个机会和女孩儿寒暄道："地铁出故障了，这种事情可真少见啊！"女孩儿马上笑着回答说："是啊，我们很幸运，这也是一种与众不同的经历呢！"刘斌从女孩儿的话里感受到友好的氛围，因而继续寒暄道："你每天上班都坐地铁吗？"就这样，他们从地铁谈到日常的生活和工作，虽然地铁只停运了半个小时，但是乘客们都心急如焚，唯有刘斌和女孩儿聊得很高兴，时间不知不觉就过去了。

地铁再次启动后刘斌才意识到和女孩儿分别在即，因而请求女孩儿说："既然你在培训机构工作，不如咱们互相留下联系方式，如果我周围的人有需要咨询或者培训的，我可以介绍给你。"这个理由听上去合情合理，女孩儿爽快地与刘斌互相加了微信，还留了电话。后来，他们虽然没有如同刘斌所愿成为情侣，却成为了很好的朋友，而且在生活中互相帮助。

如果刘斌始终无法鼓起勇气和女孩儿搭讪，那么他自然无法结识一位美丽友善的女性朋友，也就不可能有后来美好的交

往了。

朋友们，人与人之间缘是很深的，至于分的把握，则需要每个人自己去努力争取了。在现实生活中，很多人都不敢和陌生人寒暄和搭讪，总是怕被他人拒绝。实际上，人与人之间的交往是相互的。只要我们态度友好、和善可亲，相信他人是不会粗暴地拒绝我们的。

把握交往原则，留下完美初见

人际交往中，第一印象往往影响着交往的进展和结果，因而在初次与他人打交道时，我们就要多多注意掌握交往的诀窍，给他人留下好印象可达到事半功倍的效果。的确，现代社会中人际交往被提升到前所未有的高度，人际关系也成为每个人的头等大事，这主要是因为人脉资源具有重要作用。有人脉资源的人，不管做什么事情都能很顺利，如鱼得水，而没有人脉资源的人，哪怕自身能力很强，在这个处处需要合作的时代，也是寸步难行的。由此可见，人际关系多么至关重要！因而现代社会中很多人都想改善自己的人际关系，从而帮助自己赢得更好的发展前景。

朋友们，交往的基本原则就是真诚和尊重。通常情况下，人际交往也是有技巧的。语言绝不能平铺直叙，很多人把说话

看成是非常简单的事情，似乎只要能够发出声音，就算会说话。实际上，人类的语言具有深刻的含义，而且每个人在说话的时候都是在有目的地表达，其语言也有一定的组织性。假如任何发出的声音都能称为语言，那么一切都会变得乱糟糟的。真正的语言是经过思维进行周密地组织的，从而能够在人与人之间传情达意，表达各种思想和观点。要想让语言交流起到良好的效果，我们就不能随心所欲，想说什么就说什么。一则，语言是把双刃剑，既能使人之间的关系更加亲密，也会无形中伤害他人的心，导致人际关系恶化；二则，语言的表达都有预期的目的，我们也需要组织语言，从而让语言表达起到预期的效果，更能传情达意。

要想给人留下良好的第一印象，尤其是在和陌生人交往时，必须注意以下三点。首先，正如上一篇中所说的，要学会用眼神和对方交流，让眼睛真正起到心灵窗口的作用。尤其是在与他人面对面交谈时，更要合理运用眼神，从而让对方感受到我们的真诚和善意，与对方建立起良好的关系。其次，要想增强交流的效果，可以适当使用肢体语言传情达意，表达情感，更好地表达自己的意见和主张。最后，说话不要平铺直叙，而要抑扬顿挫，有高潮，有低谷，这样才能更好地吸引他人的注意力，也使话语更有效果。这次谈判由林楠负责。她能作为公司的首席谈判代表，是因为她得到了领导的器重，才担负起如此重要的责任。然而，林楠这次面对的谈判对手也很强

势，所以林楠对于这次谈判丝毫不敢懈怠。

在谈判桌上，虽然很多谈判细节已经达成共识，但是对于最关键的利润分配问题，林楠和对方都寸步不让，谁都想为自己的公司争取更多的利益。谈判其实不仅仅在于达成共识后签约，也在于是否能够让自己所在的公司在最大限度内得到最多的利益。因为这也是公司衡量谈判负责人是否给力的重要因素，所以林楠与对方僵持不下，谁也不愿意轻易让步。

眼看着谈判快到结束的时间了，林楠决定使出杀手锏，给对方施加压力。林楠的撒手锏不是用语言迫使对方就范，因为一旦言语不和，就会导致谈判无法进行。只见她接了个电话回来之后，并没有坐到原本与对方相对的位置上，而是坐在长长的会议桌的一端，与对方相距很远的一个位置上。林楠的这个举动换作谈判的新手也许看不懂是什么意思，但是对方却马上表现出十分焦虑的样子。的确，谈判进行到这一步，谁也不想半途而废。为此，对方马上主动做出让步，于是林楠也见好就收，同样以小小的让步作为回馈。就这样，这盘已经僵了的棋，又活了起来。很快，谈判就在愉快的氛围中结束了。

在这个事例中，林楠之所以能够成功地给对方施加压力，就是因为她很擅长使用肢体语言，也深谙人际交往的心理学。她坐到与对方距离更远的位置上，从心理学的角度给对方施加压力。这恰恰是在以无声的语言告诉对方：“我不愿意与你继续纠缠下去了，我想要结束谈判。”这样一来，对方怎能不着

急呢?

当然，这是以空间距离给对方施加压力的肢体语言。肢体语言除了能够帮助我们在谈判中取得成功以外，也能帮助我们与他人拉近距离，从而成功打动他人的心。只要我们记住与人交往的三个诀窍，就会让我们与他人的交往事半功倍，取得良好的效果。

首肯法，先认同才能拉近彼此关系

所谓首肯法，顾名思义，就是首先肯定他人的谈话，对他人表示尊重和理解。尤其是在面对陌生人的时候，首肯法更是能够帮助我们给他人留下好印象，从而为我们与他人关系的良好发展铺垫基础。

当然，首肯法也不能过于直白，而是要顺其自然、不露痕迹地表示对他人的肯定。举个最简单的例子，假如当对方正在说连自己都不确定的言辞时，你却毫不犹豫地对他表示肯定和赞赏，那么他在怀疑你的智商的同时，也一定会想不通你为何要对他的话毫无原则，甚至不负责任地表示肯定和赞赏。渐渐地，他甚至还会怀疑你的人品，觉得你只会溜须拍马。相反，当对方说得很对时，我们要抓住机会表达对对方的肯定，也向对方表明我们完全理解和接纳他们的看法，也很认可他们的做

法，并且迫不及待地想要继续听他们讲述。这样一来，对方受到我们的肯定和激励，自然会深入地继续往下谈。

其次，在倾听他人讲述的过程中，我们如果对他人表示肯定，那么就可以缓慢而又大幅度地点头。这样一来，表示我们对他们说的话完全认可和理解，而且会使对方觉得我们很理解他们此刻的心情，也已经全盘接纳了他们的各种观点。毋庸置疑，他人受到我们这样的鼓舞之后，必然会越说越起劲，甚至因为得到我们接纳他们观点的鼓励，他们会更加兴致盎然地说下去。

这两种方法都是运用首肯法时的技巧，虽然我们做起来可以不露痕迹，也可以装作漫不经心，但是却能够给予对方极大的肯定和鼓励。试想，当我们一边说话一边得到他人的肯定和赞许，难道我们不会更加激动地讲述自己的更多想法和感受吗？最可怕的就是听别人说话，但是却毫无反应，更没有积极地回应，这一定会使谈话者感到枯燥乏味，甚至根本没有欲望把话继续说下去。

作为一个顽皮儿子的爸爸，张先生又被老师“请”到学校去了。老师简直对顽皮的张富毫无办法，也被他气得够呛，因而一看到张爸爸，老师迫不及待地抱怨说：“张爸爸，我真的对你家的张富无计可施，要是能辞职，我真想辞职了事。”张爸爸听到老师的话苦不堪言，马上点头附和着说：“老师啊，我和你有同样的感受，要是爸爸可以辞职，我也真想辞职

不干了。但是我辞不了职，所以我只能继续硬着头皮管教他，对他我还寄希望于随着他年岁的增长，他能不要再让我这么操心。”听到张爸爸的话，原本怒火中烧的老师不由得消了气，扑哧一声笑了起来。老师说：“我一个老师都辞不了职。你作为他爸爸，只能和张富继续纠缠啦！”

接下来，老师开始绞尽脑汁地和张爸爸一起想办法，看看如何教育张富能够更加有效。当然，在教育张富方面，老师因为是老师，也因为其接受过专业的心理培训，更因为和那么多调皮的孩子都接触过，所以老师好歹比张爸爸更多一些经验。对于老师提出的建议，张爸爸时而缓慢地点头。老师不由得心生安慰——好歹张爸爸能听懂我的话，希望您回家之后能够好好配合学校的教学和教育工作吧！

就这样，张爸爸因为善于运用首肯法，居然让老师的一团怒火消散于无形。实际上，没有人希望一张嘴说话就被人否定，大多数人都喜欢听好话，喜欢听他人肯定自己的话。为此，运用首肯法与陌生人交流时效果显著，常常会获得他人的认同。

虽然首肯法在人际交往中并非是多么重要的方法，也没有很高的技术含量，但是首肯法、眼神交流和简单附和等方法，都能以最简单的方式获得最好的交流效果。当我们毫不吝啬给予他人肯定时，他人也必然会以信赖回报我们，这就为我们人际交往的展开奠定了坚实的第一步。

初次见面，用好口才引领沟通

生活之中我们免不了要一次次地和陌生人打交道。很多人在和陌生人第一次见面的时候，心里都会感到紧张和畏惧，面红耳赤，不知所言，让本该高兴热烈的场合变得十分冷清和尴尬。这样不仅让人扫兴，还会影响自己在对方心目中的形象。

中国有句古话叫作“乐莫乐兮新相知”，朋友都是在陌生中逐渐熟悉的，忠贞不渝、肝胆相照的朋友也多数是在陌生中结交的。由陌生到熟悉是需要一个过程的，而这个过程是和说话分不开的。好的口才能够迅速引起对方的兴趣，拉近彼此间的心理距离，最终形成伟大的友谊。因此，在我们和陌生人见面的时候，除了要在服装和仪表上注意之外，还要懂得如何说话，开口就征服人心，从而为以后的交往打下良好的基础。

王熙凤作为荣国府的总管依靠的并不仅仅是和王夫人之间的姑侄关系，最重要的是嘴巴上的功夫。迎来送往中，她所说的每一句话都让人感到亲切和随和，初次见面，短短的几句话就可以拉近彼此间的距离，很快就能和人结下交情。例如，在林黛玉初进贾府时，王熙凤短短的几句话就征服了这位孤傲清高的冷美人：

“这熙凤携着黛玉的手，上下细细打量了一回，仍送至贾母身边坐下，因笑道：‘天下真有这样标致的人物，我今儿才

算见了！况且这通身的气派，竟不像老祖宗的外孙女儿，竟是个嫡亲的孙女儿，怨不得老祖宗天天口头心头一时不忘。只可怜我这妹妹这样命苦，怎么姑妈偏就去世了！’”

如此亲切而又热烈的话一说出口，哪怕林黛玉下车之前有过再多戒备心理，哪怕她的性格是目下无尘，此时此刻心中也必定有一股暖流流过，即便没有太多的感动，至少也不会对这位表嫂产生反感。王熙凤的话不多，但是却传出了很多重要的信息：

第一是夸林黛玉长得漂亮。

第二是在传达认同的情感：我们是不会把妹妹当成外人的，这里就是你的家，不用那么客气和生分。

第三又巧妙地赞美了贾母：老祖宗深仁厚泽，对这位素未谋面的外孙女同样有着极深厚的感情。

第四又对贾府的几位小姐进行了一番间接的夸奖，“这通身的气派，竟不像老祖宗的外孙女儿，竟是个嫡亲的孙女儿”，让在座的迎春、探春、惜春听了，觉得能和林黛玉并驾齐驱，心里也会美滋滋的。

第五又含蓄地称赞了王、邢两位夫人，夸奖她们教女有方。这位“琏二奶奶说话”的功夫，确实达到了炉火纯青的地步，难怪能够在尔虞我诈的荣国府坐稳管家的交椅。

在社交活动中，人们经常会根据一个人的容貌来产生第一印象。容貌所产生的印象是直接的，却并不是最重要的。事实上，优雅的谈吐、得体的语言、漂亮的表达方式往往能让人给你的印象打一个较高的分数，也会很自然地在心里赞赏和认可你。

语言不仅仅是表达信息的手段，还见证了一个人的气质、精神状态和心理特征。特别是和陌生人在一起时，恰当的语言所起的作用是十分重要的，它能够给你的事业以及交际带来意想不到的收获。所以，在平时的生活中，我们要多为语言加点儿“颜色”，让恰当的语言为自己的印象加分。

独特开场，彰显你的个性

俗话说：“好的开端是成功的一半。”人际交往也是一样。交谈是人际交往的主要方式，谈话是否能够顺利、和谐、愉快地进行，开场白能否说好至关重要。俄国作家高尔基曾经说过：“最难的是开场白，就是第一句话，如同在音乐上一样，全曲的音调，都是它给予的。平常却又得花好长时间去寻找。”这不仅说明了开场白的重要性——它奠定了谈话的基本面貌和风格；又指出了开场白绝对不是随便说几句话那样简单，而是需要长期积累和斟酌研究的，是经验和智慧的结晶。若是想让你的开场白具有“致命”的吸引力，就必须洞察人情、洞悉人心，因为只有这样才能让别人对你的话感兴趣，从

而有更进一步的交流和了解。而这正是作为一个成熟睿智的人所必须掌握的人际交往手段之一。

那么怎样才能让开场白具有“致命”的吸引力呢？要素当然很多，但最主要的有两点：一是能马上引起对方的注意和兴趣，二是能迅速拉近双方的距离。那么怎样才能做到这两点呢？这就需要用一些技巧和方法。

1. 讲述故事引起对方的注意

不管是何种类型的故事，幽默笑话也好，奇闻逸事也好，名人传记也好，只要和你将要说话的内容相关，只要说得足够生动、引人入胜，就一定能够引起对方的兴趣——因为从孩童到大人，没有谁不喜欢听动人的故事。

2. 通过提问引起对方的好奇

你即将要说的内容是什么？是否会令人产生兴趣？你可以在一开始用提问的方式提出和内容相关的问题。因为人们听到问题会不自觉地思索答案，这是人们通常有的反应。只要他们开始思索你的问题，那么就会被你接下去要说的内容所吸引。

3. 利用幽默活跃气氛

假如能用幽默生动的语言营造活跃、和谐、轻松的气氛，那么你就会更容易得到对方的认同和赞赏，深入的交谈也就成为可能。因为相比于严肃、沉闷的话题，人们更倾向于轻松的谈话，而对于妙语连珠、趣味横生的人，人们更加容易产生好感。

4. 利用对方熟悉或关心的人、事、物来拉近双方的距离

假如你一开口就谈及对方熟悉或关心的人或事物，那么对方就会油然而生一种熟悉和亲切之感，并且建立起信任感，交谈自然也就水到渠成了。

杨丽是青少年心理学专家，有一次她应邀去一所高中做演讲，下面是她的开场白。

亲爱的同学们：望着这熟悉的校园和操场，我仿佛回到了我的学生时代。若论辈分，你们应该叫我一声“师姐”，因为我和你们一样，曾经是这里的一分子。如今，我回来了，但带给你们的或许并不是一个好消息，因为我今天代表的是人类历史上最可怕的名词之一：它破坏了友情、亲情、邻里之情和同学之情。“我”是当今青少年中最大的杀手。“我”的名字不是酒，也不是毒品，而是——自杀。

在中国，每2分钟就有1人自杀、8人自杀未遂；全世界，每年有100多万人死于自杀；在瑞士、冰岛、澳大利亚和新西兰，自杀是少年儿童（小于15岁）的首要死亡原因；在其他一些国家，年龄超过85岁的人群自杀率最高。

听到这里，你们或许会问：为什么我们的高中没有采取措施呢？作为日常课程的组成部分，为什么高中缺少强制性的自杀防范纲要？这些问题都很重要。这也正是我今天在这里做演讲的原因。

杨丽的开场白的确很精彩：首先，它拉近了双方的距离，

“师姐”一词显得亲切而又随和，很容易得到学生们心理上的认同；其次，一句“人类历史上最可怕的名词之一”激起了同学们的好奇心，促使他们继续听下去以便找到答案；然后，为了保持同学们的兴趣，她还引用了一些触目惊心的统计数据；最后，用了两个令人深思并和同学们密切相关的问题引出了正文。可以想见，接下来的演讲一定取得了很好的效果。

有人将人们之间的交谈比作下棋，你所走的第一步不仅告诉了对方你将用何种思路，并且决定了即将展开的阵局，对于接下来的博弈相当重要。而开场白就相当于这第一步，所以必须紧紧抓住对方的心神。正如鲍勃·蒙克豪斯在《三言两语》中所说的那样：“开场白应该是一把钩子……”必须引人入胜，具有“致命”的吸引力，才能轻松地走好接下来的每一步。

善于沟通，学习与初交者一见如故

一见如故是成功交际的理想境界。具有跟初交者一见如故能耐的人，就会朋友遍天下，做事左右逢源；反之，如果不善于跟陌生人交谈，就会在交际中处处受阻，事业也难以成功。当今时代，每个人交际面越来越广，跟初交者一见如故的交际

才能越来越显出其重要性。要想让你的谈话深入人心，一般应从以下几个方面入手。

1. 用话语进行试探，找出共同点

说好第一句话，仅仅是良好的开端。要谈得有味，谈得投机，谈得其乐融融，双方就必须确立共同感兴趣的话题。这就要在谈话时仔细观察对方，从他的兴趣、爱好、个性特点入手，初次见面要做到一点，就要洞幽烛微，由细微处见品性。

生活在同一时代，同一国土，只要善于寻找，何愁没有共同语言？一位小学教师和一名泥瓦匠，两者似乎没有相同之处。但是，如果这个泥瓦匠是一位小学生的家长，那么，两者可以就如何教育孩子的问题各抒己见，交流看法……只要双方留意观察，就不难发现彼此有对某一问题的相同观点、某一方面共同的兴趣爱好、某一类大家共同关心的事情。

2. 抓住时机，适时切入

陌生人之间交谈，除了了解对方，让对方多开口外，还要看准情势，不放过应当说话的机会，适时插入交谈，让对方充分了解自己。如果你切入式的谈话能引起陌生人的共鸣、使其获取教益，那么双方会更亲近。

和陌生人谈话的开场白结束之后，特别要注意话题的选择，那些容易引起争论的问题要尽量避免。为此，当你选择某种话题时，要特别留意对方的眼神和小动作，一旦发现对方有厌倦、冷淡的情绪时，就应立即转移话题。

3. 好的告别语给对方留下深刻印象

能给对方留下深刻印象的告别语，会使对方感到意犹未尽，希冀下一次的交谈。例如：

“祝您成功，恭候佳音！”——良好的祝愿会使对方受到鼓舞。

“今天有幸结识您，愿从此常来常往！”——热情洋溢的语言会使对方获得充分的肯定。

“如果什么时候路过这里，请到我家做客，再见。”——邀请式的结束语使人感受到尊重，同时为以后的交往埋下了伏笔。做到上述三条的关键是：情要热，语要妙。情要热，就是有满腔热情，直率真诚，不虚假，不做作，不炫耀自己；语要妙，就是措辞得当，出言有礼，吐语生辉，幽默自然。

如果你是一个口才极棒，说话深入人心、铿锵有力而又能让人难以忘怀的人，那么你就容易体会到别人对你的信赖，体会到内心的满足感和成就感。有了这样的魅力，你就如同有了阿里巴巴的“芝麻开门”，就有了打开财富宝藏的钥匙。

第 02 章

真诚赞美，善于愉悦他人

嘴巴要甜一点，赞美他人要多提对方的优点

人的本能就是趋利避害，每个人都喜欢听他人对自己的赞美，而不愿意被他人批评和否定。因而在人际交往的过程中，如果人们能够更加慷慨大方，多发自内心真诚地赞美他人，那么我们与他人的交谈就会变得更加容易。

当然，赞美他人也是有技巧的。赞美不能急功近利，急功近利的赞美和阿谀奉承、曲意逢迎无异；赞美不能睁着眼睛说瞎话，我们必须赞美他人切实有的优点，而不能为了取悦他人而随便说些赞美的话；赞美不能过于泛滥，泛滥的赞美同样会变得一文不值。总而言之，赞美要足够真诚，讲究技巧。对于初次见面的陌生人，我们也不能随便赞美。毕竟我们与陌生人是第一次见面，彼此之间并没有太多的了解，如果为了赞美而赞美，非但无法取得预期的效果，反而会导致事与愿违。所以，赞美初次见面的人，我们一定不要睁着眼睛说瞎话，赞美对方完全没有的优点只会导致对方误以为我们是在挖苦讽刺他，而只有赞美对方显而易见的优点，对方才会领会我们的好意，从而与我们和谐共处。

每个人都喜欢被人赞美，没有人会拒绝他人对自己的赞美。当得到他人的赞美时，我们难免会沉醉于其中，似乎我们

真的已经变得很美好了。然而，这一切的前提都是赞美必须真心实意，不能敷衍了事。就像拍马屁，假如我们一不小心拍到马蹄子上，那么后果的严重性可想而知。赞美陌生人显而易见的优点是比较保险的行为。首先，陌生人肯定已经不止一次以同样的优点得到人们的赞美，因而他可以据此排除我们是为了阿谀奉承才赞美他的，因而也不会误解我们的人品。其次，赞美他人显而易见的优点，也能够使我们的赞美显得更加友善，而且诚意十足。当对方发现我们是一个不吝啬赞美他人的人，也会对我们留下良好的印象，从而更加认可和赏识我们，与我们和谐相处。总而言之，赞美他人显而易见的优点，是一举多得的好事情，我们可以多做，从而改善人际关系，博得他人欢心。

作为一档综艺节目的主持人，小薇之所以能够与来参加节目的嘉宾产生良好的互动，有的时候甚至像是相处已久的好朋友，就是因为她很擅长赞美他人。例如，有一次有一个女嘉宾来参加节目，还在后台时小薇就大声地赞美女嘉宾："天啊，你的眼睛可真大，你这才是真正的杏眼，大大的眼睛圆溜溜的，简直迷死人了。"可想而知，女嘉宾先被小薇喂了这个甜枣，在参加节目时自然会对小薇非常配合。

很多同事都想不通小薇为何总能想起赞美嘉宾的话，小薇却说："哈哈，只要你真的想赞美他人，你就一定能够做好的。人都是有很多优点的，例如，有的女生身材好，有的女生皮肤白，还有的女生眼睛大，或者嘴唇性感、鼻梁高挺。可以

说，只要我们想赞美一个人，我们总是能找到她们显而易见的优点。再如，如果是男嘉宾，那就更好夸了。因为男人总是比较粗线条，粗枝大叶的，不会像女人那么敏感细腻。我有的时候夸男嘉宾身材魁梧，有的时候夸男嘉宾是橄榄色的皮肤，看起来很有男子汉的气概。甚至有一次，我还夸一位男嘉宾‘粗心’，从而赞美他胸怀开阔，他也很乐意地接受了。我觉得夸人是最简单的事情，只要我们拥有一双能发现他人优点的眼睛，也有着善良的心，我们总能恰到好处地赞美他人。”

就这样，小薇凭着独特的夸人技能，居然把工作做得风生水起，每一个参加过她节目的嘉宾都与她成为了朋友，而且还会继续推荐其他嘉宾也踊跃参加小薇的节目呢！也因为小薇能成功拉近自己与嘉宾之间的距离，和嘉宾互动的时候总是轻松随意，妙语连珠，所以观众朋友们也很热衷于观看小薇主持的节目，有很多观众都是小薇的铁杆粉丝。

作为公众人物，有自己的粉丝和固定观众，自然是很好的一件事，这样最起码有稳定的收视率，这恰恰是电视人最在乎的。当然，小薇之所以能有今日的成就，也是因为她天生的亲和力。众所周知，一个明星哪怕再优秀，如果总是表现得高冷，拒人于千里之外，那么他就会缺少人气。小薇凭借着自己的好口才，走的恰恰是亲民路线，她不但和嘉宾关系很好，而且和某些观众也有很好的关系。

人与人之间的交流是否顺畅，就在于他们心中是否能彼此

靠近。对于两个完全敞开心扉的人而言，交流根本不是问题。反之，如果两个人的心隔着千山万水，那么不管他们掌握多少交流技巧，都是无法使交流顺利进展下去的。所以朋友们，在与陌生人初次见面时，我们就要赞美他们显而易见的优点，从而为我们与他们之间和谐融洽的交往和交流奠定良好的基础，也使人际交往中的很多难题都能得以圆满解决。

将赞美的话说到对方心里去，能让沟通更融洽

现实生活中，有很多人在与他人打交道的时候，总是觉得心虚。归根结底，这是他们不了解他人的脾气秉性，也觉得与他人无话可说，更怕自己一不小心说错了哪句话，就会导致对方非常气愤。实际上，这根本不是畏惧交流的原因，因为对于真正需要沟通的双方而言，提前了解并非那么重要。即便是对于初次见面的陌生人，只要我们能够把赞美的话说到对方心里去，那么对方就会对我们产生好感，接下来的沟通也会变得更加融洽。这就是赞美的魔力。

当然，尽管赞美对于人际交往而言是屡试不爽的润滑剂，但是赞美的话并非随随便便都能起到作用。要想用赞美成功地打动对方，首先，我们应该掌握一个最基本的原则，即赞美一定要发自内心。当赞美流于形式时，就变得虚伪了，那么对方

也一定会有所感觉，甚至因为对这种阿谀奉承的赞美心生厌恶，对说出赞美的人也心生抵触。因而，只有说出真实的、发自肺腑的赞美之言，我们才能得到他人的认可和尊重，也才能给他人留下好的印象，从而为彼此的良好交往奠定基础。

除了要真诚和言之有物外，赞美还要恰如其分。夸大其词的赞美使人感到虚伪，有溜须拍马的嫌疑。赞美还应该根据不同的时间、场合与赞美对象，采取恰到好处的表达方式。此外，赞美他人时一定要用心，如果一边赞美他人一边左顾右盼，就会给他人留下恶劣的印象。最后，赞美不但要真诚，也要恰如其分。赞美是不能打折扣的，打折之后的赞美不但言辞生硬，效果也会大大缩水。所以当我们赞美他人时，一定要怀着真心，而且要不厌其烦。要知道，你用心说出的每一个赞美之词，都能在对方心里绽放。总而言之，赞美不是一件简单容易的事情，唯有端正态度，才能起到预期的效果。

在宠物接种的季节，周末很多人都带着心爱的宠物来到动物医院接种。当天的值班医生忙忙碌碌，始终没有休息的时间。忙碌之余，他无意间抬头看向外面的候诊室，不由得感到非常压抑。原来，候诊室里坐满了人，他们都抱着小小的宠物，当他们看着宠物的时候，脸上满是慈爱，但是他们对于彼此，却都非常冷漠，整个候诊室鸦雀无声。

不久之后，有位少妇一手推着婴儿车，一手抱着一只吉娃娃走了进来。她坐在与一位中年男士相邻的位置上，也面色冷

漠，看起来丝毫不准备打破候诊室的沉默。她坐下来没多久，婴儿车里七八个月大的婴儿突然对着那位男士咧开嘴巴笑了。男士也情不自禁地展现出笑容，开始逗弄这个孩子，并且对少妇说："你家的小宝宝几个月了？看起来真可爱啊，眼睛大大的，头发还有些自来卷，就像个美丽的洋娃娃。"听到这句对自己孩子的赞美之词，少妇的脸上也挂上笑容，回答道："他再过几天就8个月了，特别爱笑，看到谁都笑。""这样才好啊，招人喜欢。"男士赶紧说，"现在小婴儿越来越少，看着真是稀罕人啊！"少妇说："是呢，从呱呱坠地，似乎一转眼就要8个月了，再一转眼，就长大了，该淘气了！"就这样，少妇和男士你一言我一语地聊了起来。很快，候诊室里响起了轻微的交谈声，其他带着宠物候诊的人也开始攀谈起来。

在这个故事中，婴儿的微笑打开了中年男士的心门，男士由衷的赞美也使少妇感到非常高兴。有了这样好的开始，他们才有了接下来的交谈，彼此之间也更加融洽和谐地进行交流。其实，人与人之间的距离并没有我们想象得那么远，只要人们想要彼此接近，也愿意说些好听的话愉悦他人的耳朵，人际关系就会变得更加简单纯粹，人与人之间的感情也会更加美好纯真。

需要注意的是，面对我们的赞美，有的时候对方会表现得很谦虚。恰恰是这份谦虚，很容易就会削弱赞美的力量。在这种情况下，我们更要强调自己的赞美，并且表现出足够的真诚和友善。有的时候，重复一遍自己的赞美，也能够收到很好的

效果。

有理有据，你的赞美之词不可过度

赞美的力量是无穷的，它能让人认识到自己存在的价值，能鼓舞人的斗志。赞美要有理有据，这样大家才能心服口服。“有据”就是要有事实依据，确凿无疑，让谁也说不出个不字来。“有理”就是要求说话有道理，无可挑剔。除此之外，在赞美别人时我们还要注意什么呢?

1. 赞美要实事求是

真正的赞美是有理有据的，如果言过其实或者言不由衷，就可能变成“拍马屁”，对方也会怀疑你的真实目的。例如，我们对一位清洁工人这样赞美：“您真是一位成功人士啊！您具有非凡的气质，您是一位伟大的人！”对方一定会认为我们精神有问题，因为这些话好像和他没有一点儿关系。只有实事求是地去赞美他人，才能抓住对方的心，获得对方的好感，以此改善人际关系。

2. 当众赞美别人

我们要想成为受欢迎的人，学会赞美是必不可少的，但在赞美别人的时候如何能让对方认可，让对方感到被重视呢？这需要当众赞美别人。当你在众人面前赞美一个人的时候，对方

就会觉得受到特殊礼遇，心里美滋滋的。

3. 赞美别人要掌握好分寸

赞美他人的形式是多样的，但必须学会因人而异地掌握分寸，注意讲话时的环境，观察别人的脸色。你赞美别人时，当别人发出会心的微笑或谦虚地说“哪里，你过奖了”等，你可以继续赞美；而当别人对你的赞美没有任何反应的时候，你就要观察一下对方是不是有什么心事或遇到不高兴的事情，否则只会适得其反。所以在赞美别人的时候，一定要掌握好分寸。

4. 适当地加上肢体语言

选择恰当、得体、文雅、幽默的语言赞美他人固然很重要，但这也只能传达你所要表现信息的一半。那么，另一半是什么呢？是你的表情、眼神和肢体形态，这些与你的语言必须同步。把自己的肢体语言作为一种礼貌的信息与自己的语言同时传达出去，要求我们学会培养自己的风度，随时准备吸引他人的兴趣，把大家共同关心的话题引入正轨。赞美是整套语言的表达方式，不是单纯地靠嘴把赞美之词说出去，适当地加上肢体语言，会让别人更能接受你的赞美。

有礼有节，不要说“廉价”的赞美之言

对于人们来说，赞美是这个世上最动听的语言，甚至可

以说是最伟大的语言。然而，日常生活中，我们也有这样的经验：再好吃的食物，吃多了也会觉得寡淡；再有趣的事，做多了也会觉得无聊。同样，赞美的话即便再动听，如果毫无节制地使用，也会让人觉得“廉价”，没有意义。

小朱从小就是出了名的“甜嘴巴”，经常几句话就夸得人满脸喜色。工作后，她将这种特长运用起来，虽说没有起到想象中的效果，但也让她能与同事融洽相处。

这回，老板带着她出差，双方的代表在酒店的大堂会面。见面后，双方先礼节性地握了手，随后小朱就夸起对方那位西装革履的代表：“翟老板吧？一看您就器宇轩昂，身材保养得真好，穿衣打扮也很有品位，怪不得您的企业这么成功，从这些细节就能看出您的成功之道……您看您这领带……”

她一大串的话说完后，对方才尴尬地指着自己后面那位大腹便便、衣着朴素、被小朱误认为是司机的男子说：“这才是我们翟总，我是他的秘书。”

小朱暗暗叫苦，她知道，这一次谈判她是发挥不了作用了。赞美可以温暖他人心灵，可以润滑人际关系。应该赞美的时候，你不可吝啬，应尽情地赞美。但是，温暖多了，对方会怀疑你的意图；润滑多了，对方会觉得你太油滑，以致你的赞美不再动听，不再珍贵，不再能引起他人心中的波澜。

那么朋友们，在与人交际时，应该注意哪些方面，让自己的赞美不掉价呢？

1. 不要忙不迭地赞美

很多人在与他人初次见面或是尚不熟识时，就开始忙不迭地赞美。这样的赞美不仅缺乏诚意，让他人难以受用，更会降低自己在他人心中的分量。赞美他人，要建立在自己对他人有一定了解的基础上，并且应该有一定的铺垫。例如，面对一位事业有成的人士，上来就说“久闻大名、如雷贯耳”，效果肯定比“听说您是××公司的董事长，贵公司是业界的榜样，您的才干也让我仰慕已久”要差。

2. 不要舍大求小地赞美

在一些众人参与的场合，我们赞美他人时不要过于突出某一个人或几个人而忽略了其他的大部分人。在人多的场合，面对他人单独提出的褒扬，大部分人或许会志得意满，但不可否认还是存在一些会因此而尴尬、不习惯的人。此外，即便这种赞扬会令小部分人很是受用，但同时也得罪了大部分被“间接贬低”的人，这无疑是一种得不偿失的做法。

3. 不要一个劲儿地赞美

我们在赞美他人时，切忌轻易、频繁、长时间地发表溢美之词，即便是在一些喜庆气氛浓烈的场合也是如此。长篇大论的赞美也许会让当事人喜上眉梢，但很容易让旁人觉得你有溜须拍马之嫌。轻易、频繁地赞美他人，或许会让有些人认为你“会说话”“嘴巴甜”，但更多的时候会让人们认为你的赞美并不那么“值钱”。真诚的赞美，应该发生在他人有了杰出的表现或突出的成绩之后，而不是围绕着“衣食住行”“柴米油盐酱醋茶”等琐事不停地赞美。

赞美如煲汤，要把握其中火候

赞美如煲汤，火候是关键。赞美对方恰如其分，恰到好处，会让对方感到很舒服；但赞美得多了，会过犹不及，使赞美没有新鲜感。真正会赞美的人，非常懂得在赞美时控制好火候，将强弱分寸都拿捏得恰到好处，张弛有度，收放自如。具体来说，赞美他人时应把握以下几个分寸。

1. 要得体不要过于夸张

在赞美他人时适当地夸张一点儿有利于表达自己的感情，对方也乐于接受，但过分地夸张就有阿谀奉承、溜须逢迎之嫌。言不由衷或言过其实，都会使对方怀疑赞扬者的真实目的。

在交际中，人们无疑是喜欢听善言的，但恭维并不等于善言，恭维适度才是善言。如果错误地把恭维当作善言，不分对象、不分时机、不分尺度，总是千方百计、搜肠刮肚找出一大堆的好话、赞词，甚至把阿谀当作善言，那么得到的回应就常常事与愿违。

2. 不要说外行话

赞美他人是对他人的认可和肯定，所以在赞美时不能说外

行话，要慎重选择赞美的角度，不要不懂装懂，落下笑柄。

有的赞美本来使对方很满意了，但赞美者为了显示自己的水平，过多地去赞美，往往会露出马脚，让对方感觉不好。所以，赞美别人时应有所保留，千万不要打肿脸充胖子，硬充内行。

行家比你要懂得多，没有必要在赞美时说得过细。例如，对书法家，称赞他们字写得好，可以说“您的字写得太好了，什么时候指点指点我。”这样即可，没有必要说他的字好在哪里。

3. 要避开套词俗语

独具慧眼的赞美者善于发现别人发现不了的优点、长处。例如，面对一幅油画作品，几乎所有的人都异口同声地叹道：“真是太绝了！”“我再练十年恐怕也赶不上！”油画家对这样的恭维早就习以为常了。独有一位与众不同者说道：“常言说，画如其人。您的画运笔沉稳，是和您刚正不阿的秉性、对人生与社会的深刻思考分不开的。”谈画论人，独辟蹊径，避开了套词俗语，令人耳目一新。这样的赞美与众不同，技高一筹。

肤浅的赞美让人感到乏味与空洞，受到你赞美的人也丝毫没有荣耀感；而见解深刻的赞美会让被赞美者产生认同感，继而产生和你积极沟通与交流的愿望。

因人制宜，赞美之词不可千篇一律

喜欢听好话受赞美是人的天性之一，人们用诚恳的态度、热情洋溢的话语来直接赞美对方，不仅能表现自己的涵养、友善，迅速博得对方的好感，而且能使对方感到自我价值被人赞同、认可，从而产生共鸣，渴望与其拉近关系，深入交往。总体来说，要想学会正确地赞美别人，一般要注意以下两点。

1. 赞美须情真意切

赞美要有发自内心的真情实感，这样的赞美才不会给人虚假和牵强的感觉。带有情感体验的赞美既能体现人际交往中的互动关系，又能表达自己内心的美好感受，对方也能够感受到你对他真诚的关怀。

虽然人人都喜欢听赞美的话，但并非任何赞美都能使对方高兴。能引起对方好感的只能是那些基于事实、发自内心的赞美。相反，你若无根无据、虚情假意地赞美别人，他不仅会感到莫名其妙，更会觉得你油嘴滑舌、诡诈虚伪。例如，当你见到一位其貌不扬的小姐，却偏要对她说："你真是美极了。"对方立刻就会认定你所说的是虚伪之至的违心之言。但如果你着眼于她的服饰、谈吐、举止，发现她这些方面的出众之处并真诚地赞美，她一定会高兴地接受。

2. 赞美要抓住对方的长处

赞美能够鼓励他人前进。心理学家马斯洛认为，荣誉感和

成就感是人的高层次的需要。一个人具有某些长处或取得了某些成就，他还需要得到社会的承认。赞美的作用，就是承认他人的长处和成就。当他的行为受到称赞时，他就会受到鼓舞，发挥更大的积极性，继续努力前进。

在社交场合，无论对男人还是女人，有效的赞美都非常重要，可以让彼此的沟通事半功倍。所以，培养随时赞美他人的习惯往往可以让你的社交如鱼得水。正所谓“日日耕耘才会有收获”，赞美他人也是如此。

第 03 章

善加引导，创造机会让对方做沟通中的主角

虚心求教，迎合他人好为人师的特点

在生活和工作中，很多人都喜欢对人颐指气使，尤其是他们有优点略胜于他人的时候，他们就会更加对人不以为然了。殊不知，数千年前孔老圣人说，“三人行，必有我师焉”，那么作为普通的人，既有优点，也有缺点，又有何资格自以为十全十美，而对人颐指气使呢？我们每一个人都要学习孔子的谦虚态度。人生在世，要想不断进取，不断进步，唯有怀着一颗谦逊的心，才能主动学习，终身学习。尤其是在与人交谈的过程中，人人都好为人师，假如我们能够怀着谦虚的心态主动请教他人，那么一定能够迎合他人好为人师的特点，从而与他人更加和谐地相处和交流。

也许有人会说，我可以尽量少与他人交流。殊不知，现代社会，人作为群居动物的本能表现得越来越明显，随着人与人之间分工与合作关系越发密切，没有任何人能够做到完全不与他人交往，独自生存。特别是现代职场，每个人都是自己职责所在的一颗小小螺丝钉，唯有与他人更好地交流合作，才能让自己的事业得到助力，也才能让自己的职业生涯得到更好的发展。相反，假如我们说起话来总是颐指气使，那么我们就会被他人嫌弃，因为他人并不愿意被我们指使。所以要想拥有好

人缘儿，我们就要改变颐指气使的坏毛病，多多虚心向他人求教，这样我们才会受欢迎。

大学毕业后，因为没有找到合适的工作，刘凯不得不在一家办公用品公司当起了推销员。每天，他都要拎着沉重的打印机穿梭于各个写字楼之间，只为了能成功推销其产品。然而，刘凯尽管每天都在外四处奔波，但是整整一个月过去了，他却没有卖出一台打印机。他感到很困惑，也觉得自己并不适合做这份工作。为此，他决定再给自己一个月的时间，如果在工作上还是毫无进展，那么他就果断放弃，重新寻找一份适合自己的工作。

一个炎热的下午，刘凯大汗淋漓地拎着打印机走入一座高档写字楼。他挨个公司问前台的工作人员："您好，请问您需要最新款的打印机吗？这是我们公司的新产品，功能齐全、性能稳定，是您的不二之选。"刘凯的话刚刚说完，前台的工作人员就头也不抬地说："不需要，谢谢。"就这样，刘凯不得不提起打印机准备离开。这时，突然又有一个打印机推销员走了过来。刘凯不由得怦然心动："既然我的推销效果一直不好，我为何不偷学一下别人是如何推销打印机的呢？反正又不要交学费，不学白不学。"就这样，刘凯站在一旁仔细地观察。

只见那个推销员走到前台，也说了和刘凯相差无几的话，当然，可想而知，他也被拒绝了。这时，刘凯暗自想到："也

没有什么出奇之处啊！”正当刘凯准备离开时，他却发现那个推销员并没有离开，而是对前台的工作人员说：“是这样的，我能耽误您几分钟的时间，请教您几个问题吗？”出乎刘凯的预料，听到这句话，前台的工作人员马上抬起头，友善地看着推销员，问：“什么事？”和刚才的拒绝相比，前台的工作人员此刻的态度简直就有了一百八十度的大转弯。推销员不慌不忙、满脸笑容地说：“为了给大家提供更好的办公产品，我们公司最近正在开展调查问卷。参与调查问卷的人将会获得一份小小的礼品，我们的问卷是关于办公用品的试用体验，绝对不会涉及隐私问题。”就这样，前台的工作人员放下手里的工作，马上开始填写该调查问卷。在此过程中，刘凯发现那名推销员得到了更多的机会和前台的工作人员攀谈，而且几分钟就和前台的工作人员混了个脸熟。他不由得想道：“和我灰溜溜地、毫无收获地离开相比，这个推销员收获还不错呢！至少认识了前台的工作人员，下次也不会遭遇直截了当的拒绝了。”

刘凯想得很对，正因为这个推销员能够以请教的姿态求助于前台的工作人员，满足了前台的工作人员好为人师的心理，所以前台的工作人员才能对他改变态度，而且与他攀谈起来。由此可见，每个人都喜欢当他人的老师，如果我们想要亲近一个人，尤其是亲近原本对我们心怀戒备的陌生人，那么我们最好的办法就是降低姿态，怀着请教的恭敬态度，真心请教他们一些问题。这个时候，他们不会再把我们当成是惹人生厌的推

销员，也不会认为我们颐指气使，而是会因为我们的谦逊和友善更加认可和接受我们，从而与我们的关系变得亲近起来。

不仅仅只有从事推销的朋友们才需要多多请教他人，从而拉近自己与他人的关系。现实生活和工作中，我们也同样需要与各种各样的人打交道。如果我们能够掌握请教他人的方法，更好地与他人相处，那么我们就能改变人际交往时的被动局面，也能够获得好人缘儿。

打开话匣，鼓励对方诉说自己的“当年勇”

常言道，“好汉不提当年勇”。殊不知现实生活中却恰恰与此相反，除了那些顶天立地的大人物无暇提起自己的当年勇之外，有很多人都热衷于说起自己的当年勇。在回忆往昔精彩辉煌的岁月时，他们往往能找回自己的信心，也能够让自己变得神采飞扬。比如一个六十多岁的老人，原本退休后无聊的生活让他感到很乏味，似乎觉得生活一下子失去了乐趣，但是只要提起他年轻时的伟大壮举或者是光辉事迹，他马上就会神采奕奕，完全忘记自己现在不如意的生活，只顾着诉说自己当年是多么勇敢多么令人刮目相看。

由此可见，古人所说的“好汉不提当年勇”只是一个美好的愿望，并非所有的人都能心甘情愿地做到这一点。现实生

活中，好汉爱提当年勇，而且很多好汉一提起自己当年的英勇事迹就根本停不了口，恨不得把所有细节都陈述一遍，以便赢得人们更多羡慕的目光和钦佩的感慨。假如我们推己及人，想象到其他人对于自己当年英勇壮举也会持有同样的态度，那么我们就会知道，我们要想打开他人的话匣子，就要多多提起他人的当年勇，这样他们才会一边讲述自己的光辉历史，一边自鸣得意。在这种情况下，哪怕是个性格内向的人，也会因为昔日的辉煌和激动的情绪瞬间就像变了一个人一样，变得非常健谈，非常外向开朗，甚至还会老王卖瓜自卖自夸。

虽然接近陌生人、打开陌生人的心扉看起来很难，但是也并非像我们想象中的那么不可实现。只要我们采取合适的态度面对他人，只要我们积极地帮助他人打开心扉，只要我们给予他人机会诉说自己的当年勇，展示自己与众不同的那一面，他们就会变得健谈，而再也不会沉默寡言了。

丽丽是一名保险推销员，一直以来，她都在跟进一家大企业的老板，因为这个老板不但想给自己和家人买保险，还想给所有的员工买保险，一旦能说服这个大老板就会有一笔大生意。丽丽虽然每次拜访该老板都会被拒之门外，或者被冷漠拒绝，但是她从未想过要放弃。

一个偶然的机会，丽丽得知这位老板当初发家的时候历经艰难，饱尝艰辛，因而她决定从该老板的光辉历史入手。她从多方面搜集了关于这个老板的信息，并且还了解了该老板的

家世、背景以及创业史。之后，她再次去拜访该老板，先没有提起买保险的事情，而是先发制人，在该老板对她表现出不耐烦的表情之前，先对该老板说：“张总，我前段时间参加了一个聚会。那个时候，我才知道您是多么的了不起，多么的伟大！”该老板不知所以然地问：“什么聚会？和我有什么关系？”丽丽说：“其实按照我的身份、地位是根本没资格参加那种高规格聚会的，我只是沾了一个客户的光，才得以进入会场。这个客户和您一样也是位老板，当天我和他办理完购买保险的手续后，他觉得很高兴，所以邀请我一起去赴会。在那个聚会上，参与者全都是各行各业里有头有脸的人物。我听到好几个大老板提起您，还都对您竖起了大拇指。我不知为何他们这么佩服您，就多嘴问了问，这才知道您当年发家致富之前只是个走街串巷的卖货郎，之后凭着自己的辛苦和努力，终于创办了现在的大企业。”

听到丽丽的话，姑且不管丽丽是从哪里听来的，张总瞬间心花怒放。的确，每一个人都渴望得到他人的认可，也希望自己的付出能得到更多的回报，显而易见他已经拥有了实实在在的成就，也在社会上有头有脸的人面前赢得了自己的地位。想到这里，张总开始侃侃而谈自己的创业史，而丽丽则像是一个虚心好学的小学生一样，时不时地就会点点头，附和张总的谈话。就这样，这次会面丽丽根本无暇和张总说起自己的经历，但是张总却说得兴致盎然，直到天色已晚，才恍然大悟自己已经耽误了丽丽很长时间。出于歉意，他请丽丽一起吃晚餐。丽丽则借机和张总拉近关系，成为张总的朋友。可想而知，此后张总不管买什么保险，总也不会避开丽丽，因为他们已经成为相谈甚欢的朋友了。

丽丽很聪明，她面对一直没能被说服的客户，最终想出一个绝妙的好主意，即给予客户机会诉说自己的当年勇，表现出自己对客户的尊重和崇拜，从而成功地把客户带回过去的岁月，让客户对自己消除了戒心，甚至还对自己另眼相看。这正是丽丽高明的地方，也正因为如此，她才能成功打开该客户的心扉，从而顺利与其签约。

现实生活中，每个人都惧怕提起自己的糗事，而愿意说起自己的得意之事。所以我们在与他人交往的时候，要想得到他人的认可，就必须主动给予他人机会诉说自己的当年勇。所谓志得意满，当他人对于自己的过往洋洋得意时，他们对我们也会表现出宽容的态度，从而能够更加理解我们，也更愿意采取高姿态成全我们。

朋友们，所谓的当年勇，实际上就是我们打开他人心扉的突破口。只要我们真正以此突破他人的内心防线，那么他人就会向我们敞开心扉，因而与我们更加亲近。在面对陌生人时，我们往往很难找到这个突破口，那么我们就有必要多进行观察，才能准确地找到他人的得意之事，给他人机会说起自己的得意之事，这样他们就会兴致勃勃地与我们交谈了。

消除障碍，勇敢地迈出与陌生人沟通的第一步

很多朋友都觉得世界上没有真情，人与人之间也过于冷漠，因而才会导致人们不愿意与人交往，更不愿意主动为了他人付出真情。现代社会人们的生活越来越忙碌，人们身边环绕着各种各样的人群，但是每个人的孤独感和寂寞感却与日俱增。实际上，人们之所以会缺乏朋友，是因为其自身无法在交往中采取积极主动的姿态。毋庸置疑，当我们故步自封，我们的人生也会被我们囿于一念之间。还有很多人抱怨自己的朋友越来越少，甚至说自己不管如何努力，都无法成功地获得他人的眷顾。实际上，人们之所以会缺少朋友，就是因为他们在交往的时候总是很被动，总是期望获得别人的友谊，而从来不会主动去与他人建立关系。由此可见，让我们变得孤独和寂寞的不是友情的匮乏，而是我们心中存在与人交往的障碍。当我们主动打破与人交往的藩篱，主动向陌生人伸出友谊的橄榄枝，那么我们会瞬间发现一切交往都能变得很容易。

很多人都羡慕他人朋友多，殊不知他人之所以朋友多，就是因为他们能够突破自己内心观念的禁锢，主动结交他人。实际上，主动和陌生人搭讪并不难，只要我们能够伸出手、张开口，与陌生人的交往就能变得水到渠成。现实生活中，很多人都不愿意主动结交陌生人，他们已经习惯被动地等待，习惯

于等到他人与自己搭讪之后再含蓄地回答。试想，假如人人都等着别人来与自己交往，那么这个世界上人与人之间除了原本就存在的亲人关系之外，还会有其他关系吗？幸好有些人是主动交往的擅长者，他们总是积极地与他人打招呼，也总是想方设法去与他人拉近关系。这样一来，人与人之间才会有交往，人世间也才从冷冰冰的状态变得温暖如春。而这些主动与人交往的人也会成为我们羡慕的对象，因为他们不但人缘好、朋友多，而且他们的交际也很广泛。

毫无疑问，对于大多数普通人而言，主动与陌生人交往绝非一件简单的事情。其实，心理学家经过长期研究发现，人们心中的交往障碍有两点：第一点，每个人都会担心一旦主动接触陌生人，如果陌生人不能积极主动地回应自己，那么他们就会陷入尴尬的境地，甚至会伤害自己的自尊心，实际上，这种担心完全是杞人忧天，因为现实生活中人们面对他人的主动搭讪，往往不会故意不理不睬，尤其是当搭讪者表现出极大的友善和热情时，被搭讪的陌生人更会给予积极的配合；第二点，人们之所以不愿意主动与陌生人交往，也是因为担心会打扰陌生人。很多人在与陌生人搭讪之前最大的心理障碍就是害怕陌生人会觉得厌烦，甚至害怕陌生人会对自己的行为产生误解，觉得自己是另有企图，或者是居心叵测。这样沉重的心理负担，使得我们在接触陌生人时完全失去了积极性，也使我们很少有机会与陌生人变成朋友。

常言道，“伸手不打笑脸人”。实际上，如果我们能够在与陌生人搭讪时足够真诚和热情，那么我们的人生也就会多很多机会。我们要相信，也许陌生人也特别想与我们交往，只是因为和我们有着同样的顾虑，所以才不敢主动和我们搭讪。在这种情况下，只要我们积极主动，抱着真诚和热情的态度与陌生人交往，那么我们最终一定能成功打动陌生人的心，使我们与陌生人的交往轻松自如。

当我们在陌生人面前不敢与其交往时，并非是因为陌生人真的会拒绝或者排斥我们，而是因为我们过不了自己内心深处的那道坎儿。只要我们能够勇敢地迈出与陌生人交往的第一步，很多难题就会迎刃而解，我们也会因此建立起属于自己的人际关系网，从而拥有更加丰富的人脉资源。

注重每一个细节，顺利展开交流

很多时候在与人交往的过程中，我们只注意到重要和明显的方面，而容易忽略细节。其实，对于细节的把握，才是让交谈成功的关键。正如人们常说的话，“千里之堤，溃于蚁穴”。在人生之中，很多时候决定我们命运的并非是那些重要的转折点，而是细枝末节。尤其是在与陌生人交往时，因为彼此缺乏了解和沟通，所以唯有更加注重每一个细节，

并且把握好每一个细节，我们才能与陌生人顺利展开交流和互动。

1960年，法国总统戴高乐去美国访问。当时，尼克松担任美国副总统，为了盛情招待戴高乐，他举行了非常盛大的宴会。在宴会上，尼克松的夫人别出心裁地设计了马蹄环形餐桌，在餐桌中间的位置放置了一个五颜六色、鲜艳欲滴的鲜花展台。不仅如此，她还费尽心机地在色彩绚烂的热带鲜花中设计了一个喷泉。这个喷泉精致小巧，给当天的宴会带来了与众不同的风采。

戴高乐心思细腻，敏感地意识到这一切一定是女主人花费了许多心思设计出来的，因而他当即大加赞赏："为了举行这样一场完美的宴会，夫人一定功不可没。我能看出，夫人独具匠心，才能设计出如此与众不同的宴会桌，尤其是那个瀑布，更是让人耳目一新。"戴高乐的这番话，让尼克松的夫人非常高兴，也为自己能够得到戴高乐的认可倍感荣幸。直到事情过去很久以后，尼克松的夫人还总是在朋友们面前夸赞戴高乐："很多来访的客人或许根本没有留意到我的巧妙布置，或许觉得根本没有必要感谢我这个女主人，但是戴高乐却与众不同，他一眼就看出我的付出，并且毫不吝啬地赞美我，由此可见他的心里总是装着别人。"

对于初次见面的尼克松夫人，戴高乐只是几句赞美的话，瞬间就征服了尼克松夫人的心。作为美国的副总统夫人，尼克

松夫人必然会经常接待客人，但是却从未有任何人能像戴高乐总统那样留意到她的付出和煞费苦心。也许很多其他宾客都会觉得尼克松夫人的分内工作就是协助尼克松总统接待客人，根本不值得特意称赞。戴高乐总统恰恰领悟到了尼克松夫人的付出，并特意赞美了尼克松夫人。这也使得尼克松夫人在宴会结束很久以后，依然对戴高乐总统赞不绝口。

要想在最短的时间里获得他人的认可，走进他人的心灵，我们最好的办法就是注重细节。尤其是要细心发现他人的真心付出，这样他人才会对我们的赞美感激不尽，也才能与我们建立良好的交往。尤其是面对陌生人时，我们更要关注陌生人与我们的交往细节，对他人的付出及时给予认可，这样才能打动他人的心。

你只需要一个小小的美味零食，就能拉近彼此关系

人与人之间最遥远的距离，不是相距在地球的两端，而是虽然近在咫尺，心与心却相距万里。然而，心与心之间的距离也并非像我们想象中的那么遥远，很多时候，只需要一个小小的美味零食，我们就能拉近与他人的距离，从而做到与他人惺惺相惜、相见恨晚。

经常看影视剧的朋友们会发现，坏人想要接近孩子，都会

拿出花花绿绿的糖果或者零食，这样轻而易举就能诱惑孩子离开其父母的身边，跟随他们走远。的确，孩子很纯真，也没有心计，更容易被人欺骗。但是我们也能从中看出小零食的强大魅力。其实不管是小孩子还是成人，都会对零食情有独钟。人们常说，“吃人的嘴软，拿人的手短”，这句话简直是至理名言。很多时候，我们一旦得到他人哪怕是小小的恩惠，就会在他人面前觉得理亏，也会心甘情愿地与他人交好。虽然我们不能像坏人一样去诱拐孩子，但是我们却可以让零食派上正当的用场，即用零食来收买人心，堵住他人的嘴巴，让他人嘴软手短。这样一来，我们与他人自然会关系亲近，而且也能与他人友好相处。

现实生活中，有的人喜欢吃零食，有的人不喜欢吃零食。很多女孩儿喜欢随身携带零食，时不时地吃一些，但是有的人却不喜欢吃零食。其实，不管是否喜欢吃零食，我们都可以随身携带一些小零食，包括男生在内，也可以带着零食给那些需要的人吃，这样无形中就能拉近与他人之间的距离，也使得我们与他人的交往更加顺利。

大学毕业后，小马进入一家公司当推销员，主要负责推销办公用品。当然，小马刚刚大学毕业，既没有关系，也没有人脉资源，因而只能每天拎着公司的样品四处奔波，向写字楼里的各家公司推销。

可以想象，小马最初的推销工作并不顺利。但是小马并

不气馁，依然每天都辛苦地拎着样品四处推销。一天中午，小马来到一家写字楼里，正当他准备向前台客服人员推销办公用品时，前台客服人员突然对身边的同事说："哎呀，我突然有些低血糖，头犯晕了。"这时，小马突然从背包里取出一袋巧克力递给前台的客服人员，说："低血糖容易头晕，尽快吃吧！"前台的客服人员可能的确觉得心慌气短，因此赶紧吃了一块巧克力。她很快就觉得舒服些了，所以对着小马笑了笑。这个时候，小马恰到好处地拿出自己的办公用品，并且说先给前台试用，如好用再合作。前台的客服人员当然对这个拯救了自己的小马颇有好感，因此她当即同意小马的方案，并且在试用之后对上司多多夸赞了他们公司的办公用品。由此，小马凭着一袋巧克力，终于打开了自己工作中的僵局。最有趣的是，他后来还和前台的客服人员成为了好朋友，最终变成了情侣。

很多人觉得男人爱吃零食，或者随身带着零食是很可笑的事情。其实不然，每个人都需要靠吃东西来维持体力，男人又不是超人，为何不能随身携带零食充饥呢？最关键的是，如果男人在适当的时候把零食贡献给他人，不但会瞬间拉近自己与他人之间的关系，而且还会让自己得到他人的认可和赞许，从而使自己与他人的交往顺遂如意。

朋友们，人与人之间的距离说近就近，说远就远。要想与他人拉近距离，瞬间与他人变得熟悉起来，不如先贿赂他人

的嘴巴，哪怕没有达到预期的目的，他人在吃了我们的东西之后也就不会故意刁难我们了。我们必须相信，只要我们足够大方，愿意付出，一定能够得到更多的朋友，也会得到朋友的倾心相待。

第04章

管好自己的嘴，避免成为说闲话的小人

说话要谨慎，每个人都有自己的“逆鳞”

传说，在龙的下颌部位，生长着几片“逆鳞”。这些逆鳞的生长方向和其他鳞片不一样，因而一旦触碰，龙就会感受到无法忍受的痛，也会因此暴怒。所以我们是不该轻易触碰龙的逆鳞的，也更不应该惹怒贵为天子的龙，以免给自己招来祸患。实际上，人也是有逆鳞的。人的逆鳞，就是人不愿意被他人提起的伤痛，即人心底隐藏的伤痛，也是能够让人受伤的软肋。

人际关系是这个世界上最复杂和难处的关系，因为人的心思都很细腻、敏感，人也是最容易受伤的。然而，每个婴儿从呱呱坠地开始，就面临着各种各样的关系，先是和父母、兄弟姐妹、长辈的关系，随着逐渐长大，又要面对幼儿园、小学、初中等诸多学校里的同学。等到真正走入社会，步入职场，原本就被人际关系搅扰的人会觉得更加难以面对，因为职场关系更复杂，也更难于应对。在这种情况下，我们到底要如何做才能与他人搞好关系、和谐相处呢？

其实，整个社会就像是一张巨大的关系网，我们每个人都被困于这张网里，无从挣脱。这张关系网绝不简单，包括亲人关系、爱人关系、同学关系、同事关系、竞争关系，甚至还有

敌人关系。总而言之，我们能想象到的和不能想象到的所有关系，都囊括在社会这张关系网中，使我们无从逃脱。对于与我们关系亲密、相亲相爱的人，我们当然不能触碰对方的逆鳞，以免伤害他们，使他们与我们疏离。对于那些和我们处于对立关系的人，我们也应该适当爱护。记得有人说，“看一个人的底牌，看他的朋友；看一个人的实力，看他的对手。”的确，从某种意义上说，有什么样的对手就能体现出我们有什么样的实力。因而我们要爱惜对手，恰恰是因为有了他们的存在，我们才能不断进步。那么对于和我们处于敌对关系的人呢？我们为了战胜他们，自然可以采取不同的手段。例如，激怒他们，使他们露出破绽，就是很好的方式。所以说，唯有在对待敌人的时候，我们才可以故意触碰他们的逆鳞，让他们无处可逃。

当然，大家都知道多个朋友多条路、多个敌人多堵墙的道理。与其处处为自己树敌，我们不如为自己结交更多的朋友，这样在重视人脉关系的现代社会，我们才能得到更好的发展。所以，在人际交往中，我们还是要尽量避免触碰他人的逆鳞，也不要轻易触碰他人的软肋，这样我们才能与人为善，少树敌，取得更好的发展。

近来，龚娜之前的主管辞职了，龚娜所在的部门来了一个新主管。所谓新官上任三把火，新主管刚刚上任，的确使得办公室里的面貌焕然一新。新主管还制定了很多规章制度，让原本自由散漫的同事们很不适应。但是，大家也都没办法，所谓

官大一级压死人，他们只能配合新主管的工作，谁让他们都是新主管的下属呢！

当然，新主管是个聪明人，知道管理上要恩威并重，有松有紧。因而，她在一个周末邀请整个办公室里的同事吃饭。酒过三巡，新主管借着酒劲儿问：“我的前任张主管也很有能力，不知道为何辞职呢？”这时，办公室里的新人乔丽快言快语地说：“张主管虽然工作能力很强，但是脾气实在太坏了。”新主管有些纳闷儿：“我和她接触过一次，觉得还好啊。”乔丽马上说：“好什么啊，她都四十岁了，还离了婚，自己带着孩子，简直是更年期提前了，天天都像是办公室里的定时炸弹，弄得我们每个人都提心吊胆的。”乔丽话音刚落，大家都默不作声。原来，除了乔丽，大家都知道新主管也是人到中年才离婚的。从此之后，新主管总是故意刁难乔丽，没过几天就开除了乔丽。

对于新主管而言，女人到了中年离婚的话题，就是她的软肋和“逆鳞”。她不愿意提起这件事情，更不想所有人都知道自己的经历。但是偏偏乔丽提起这件事，虽然乔丽说的是前任张主管，但是却使新主管心中痛苦倍增，而且乔丽对前任张主管的评价，也使得新主管感到巨大的压力。当然，乔丽并非是故意攻击新主管的软肋，只是在不知情的情况下得罪了新主管，但也只能自认倒霉失去了工作。

每个人都有自己的“逆鳞”，我们自己的“逆鳞”不愿意

被他人触碰，我们也不应该触碰他人的“逆鳞”。除非面对敌人，我们或许可以逞一时的口舌之快，对于我们爱的人、在乎的人，或者是我们身边的人，哪怕是陌生人，我们都不应该肆无忌惮地触碰他们的“逆鳞”，否则最终的恶果只能由我们自己吞。

说话别提他人创伤，别哪壶不开提哪壶

每当我们的皮肤有了小小的破损，不管是沾染到洗发水还是护肤品，都会感到钻心的疼。如果碰到盐或者酒精呢？相信很多朋友都会因此疼得龇牙咧嘴。在伤口上撒盐，这句话很多人都知道其滋味，但是却很少有人感受到切身的痛苦。实际上，在伤口上撒盐真的是非常疼的，尤其是当被别人故意撒盐时，我们更是会因为内心的创伤，受到更深的伤害。

很多人都误以为受伤的人需要安慰，需要帮忙疗伤，实际上真正伤心的人最害怕的就是别人提起自己的伤心事。他们只想躲在安静的角落里为自己疗伤，根本不想被其他人打着关心的旗号，一遍又一遍地揭开伤疤。所以对于受伤的人，我们如果真的怀着好意，也足够尊重他们，就要佯装不知情，才是正确地对待他人的方法。例如，除非他人向我们求助，否则我们不要总是哪壶不开提哪壶，那样一定会使他人陷入尴尬和难堪

之中，甚至让原本刚刚愈合的伤口再次鲜血淋漓。

人生在世，谁能没有点儿烦恼呢？在感到痛苦的时候，我们希望别人怎样对我们，我们也要推己及人，怎样对待他人。有的时候，对他人视若无睹是一种不尊重，但是在他人受伤的特殊时期，对他人“视若无睹”则是一种帮助。他人自会感激我们的无言，甚至因此与我们成为朋友。

1976年，河北唐山发生了大地震。在这场地震中，无数人失去了生命，留下更多的人承受身体残缺、心灵残缺和丧失亲人的痛苦。有个孩子在唐山大地震中失去了双亲，并且失去了自己的右臂。他的心破碎了，他的身体再也无法复原。后来，这个孩子被远方的姑妈收养，从此开始崭新的人生。他的姑妈和姑父都可怜这个孩子无依无靠，又经历了这么多磨难，因而全都竭尽全力地帮助孩子修补心灵的创伤。然而，每次有人去姑妈家探望这个孩子时，他们就会问：“大地震时你在哪里？你怎么失去的右臂？不要再想你的爸爸、妈妈了，好好把人生过好，就是对你爸爸、妈妈最好的回报。”每次听到类似的话，孩子都觉得自己已经愈合的伤口再次被揭开，变得鲜血淋漓。他真想大声告诉每个人：“能不能不要再提起那些事情，能不能放过我？”但是，那些善意和亲情始终捆绑着他，直到若干年后，他都没能走出地震的阴影。

当人们遭受最痛苦的打击时，他们最想做的是像鸵鸟一样把自己的头埋藏起来。这样，他们才能勉强让自己恢复平静，

也给自己更多的时间疗伤。然而，那些所谓的好心人偏偏要一次又一次地逼着他们面对伤口，舔舐伤口，原本以为这样可以帮助他们摆脱痛苦，殊不知这么做反而会使他们更长久地沉浸在痛苦之中。

生活中，我们常常会遇到类似的情况。例如，聪明的人在探望重病人的时候，不会当着病人的面谈论病情，包括医生也不会直接把糟糕的病情告诉病人，而是先告诉家属，再寻找合适的时机把真相告诉病人。这是人道主义的关怀，也是人性的善良。很多时候我们也许是在假装坚强，假装高兴，但是这样的善意伪装恰恰能给他人带来很多好的人生感受。我们最该学会的安慰方式，就是“无视”他人的痛苦，或者在他人受伤时什么也不说，只为他们提供一个宽厚的肩膀和温暖的怀抱，让他们尽情地痛哭，这就足够了。

为他人保守秘密，做值得信任的人

一般来说，如果别人愿意对我们袒露心扉，就说明在别人的心目中，我们占有很重要的位置。最起码我们让别人觉得可以信任，所以，别人才会把自己的心里话说给我们听。如果我们把别人的秘密说出去，就相当于辜负了别人对我们的信任，所以，对别人的秘密要守口如瓶。

1. 泄密心理

人们之所以会不顾一切把得知的秘密说出去是有原因的，因为人们在不同的时刻、不同的环境中，心理活动会有差异，行动的方式自然就会因时而异。泄露秘密的心理往往有以下几种。

首先，欲望和利益。人们面对各种诱惑时，内心的活动是十分复杂的，不过因为欲望的膨胀和对利益的追求，人们的理性往往会被感性所代替，所以最后选择了把秘密告诉诱惑自己的人。

其次，选择释放。保守秘密本身是一种非常有难度的行为，因为一个有秘密的人偶尔会有很大的压力。无论是男性还是女性，在面对形形色色的社会关系时，都难免会有把秘密说出来、释放压力的冲动，所以很多时候说出秘密是他们缓解压力的一种手段。

最后，好奇心强，责任感弱。一些人总是有很强的好奇心，再加上责任感相对较弱，就会拿自己掌握的秘密去换一些自己感兴趣的东西。

2. 保守秘密与健康有关

保守秘密不仅是一个人的品德问题，还可能关系到一个人的健康问题。

习惯于保守秘密的人会用一种处事不惊的态度来面对问题，所以，这样可以练就良好的心理素质，对人的身心健康是

非常有益的。

3. 泄密可能触碰法律

不能够保守秘密的坏处不仅在于会损害他人的利益或者让自己的名声受损，而且很多时候会触碰法律，以致犯法。

李硕的邻居邓某因患不孕症，10年前经李硕收养了一个不满两岁的女孩。邓某夫妇把这个女孩视若己出，一家人生活得亲亲热热。邓某希望这件事成为永远的秘密，邻居们也都守口如瓶。

可是有一天，这个已经11岁的女孩子忽然来找李硕，询问她的亲生父母是谁。李硕从小姑娘的问话口气里推断出她已经了解了部分真相，与其遮遮掩掩，还不如彻底透明了好，于是就把整个过程都告诉了小姑娘。不料过了一段时间，李硕忽然接到了法庭的传唤书，说邓家夫妇把他告了，说他侵犯了他们的"隐私权"。我国有关法律规定："收养人送养人要求保守收养秘密的，其他人应当尊重其意愿，不得泄露。"李硕作为"其他人"之一，有义务为其保守秘密。

从这个案例中不难看出保守秘密的重要性，很多时候在自己想法的驱使下说出的秘密往往会触碰法律，所以，要三思而后行。

朋友们，一个人要学会为他人保守秘密，这样才能做一个值得别人信赖的人，否则只会降低自己的信誉度，是不会受欢迎的。

静坐常思己过，闲谈莫论人非

所谓“静坐常思己过，闲谈莫论人非”。在背后议论别人本身就是一种不道德的行为，为人所不齿。所以，在生活中我们说话的时候一定要注意，对那些没被证实的事，千万不要乱说，免得让别人对我们产生看法。

闲暇之余不要拿别人的一些问题说个不停，尤其是当你津津乐道的时候，你已经成为一个说别人闲话的小人，这样的人在人际交往中是不会受到欢迎的。所以在交往中要注意什么该说什么不该说，尤其是别人的闲言碎语，这些闲话虽然有时候能够调动他人的一些兴趣，吸引人们的注意力，但是，人们对你这个人的印象却是一个喜欢说闲话的小人，从而对你加以提防，以免背后说自己的闲话。

1. 闲话真真假假坏人名声

其实说人闲话是一个非常不好的习惯，人们在无聊之余往往会不由自主地拿别人的一些琐碎小事讲个没完，借以消磨时间，殊不知，这种做法很卑鄙。

老郑是一名退休工人，小伟是一家商贸公司的职员，两个人住得很近，所以经常在一起闲聊，开始一般聊国家大事，然后转至天文、地理，可是聊着聊着话题就转移了。老郑指着不远处的一个人说：“那人都30多岁了，怎么还没结婚？”小伟狡黠地一笑，说：“是不是讨厌女人？”老郑说：“不会吧，

听隔壁王太太说，前几天还看见他和情人在那片树林里散步呢！”小伟立刻坐直了说：“听说以前他是个同性恋。”老郑说：“那倒不至于。只不过有点儿二百五。”

两个人的谈话无形中达成了一种共识，就是不远处还没有结婚的那个人是个有问题的人，这样一来，他们二人就会非常自然地和周围的人讲那个人有问题，时间久了，大家就会形成一种刻板的印象：这个人有问题。这个人自己还没有来得及辩解，就已经被贴上了“有问题”的标签，名声在无形中被损坏了，而他自己还不知道。

2. 闲话损坏自身形象

说闲话可以消磨时光，寻找乐趣，而且不用负责任，可以不着边际地说，然而这种行为不但损害了他人的形象，而且无形中也让自己的形象受损。很多时候，一个说闲话的人如果招来越来越多的听众，他就更起劲儿了，会把小事无限夸大，甚至吐沫横飞，殊不知，听众已经流露出鄙夷的眼神了。闲话过不了多久就会被人们忘得一干二净，但是这个被说的人的形象却一直存在于人们的内心中，自己的形象也在潜移默化中被丑化了。

3. 趣味高雅不落俗套

“闲话”二字给人们的印象就是贬义词，因为说闲话的人往往会通过贬低别人来抬高自己，显示自己有多么能耐。这样的趣味显然是低俗的，难登大雅之堂，所以要想在人际交往中

受欢迎就不能总是用低级趣味去迎合他人，而是要做到高雅，这样才能让人感受到你的层次，从而愿意与你交往，这样才能聚敛自己的人气。

4. 要时刻提醒自己

任何人都希望能从别人那里获得好评价，但是也可能成为别人闲话的对象，所以平时要时刻提醒自己，不要讲别人的闲话，要想听到别人对自己做出“能干”“好人”“值得信赖”之类的评价就要对别人给予同样的评价。总之，不要让自己成为说闲话的小人。

留有余地，说话不可得理不饶人

自古以来，任何事情都逃不过一个“理”字。人们在做任何事情时，都会讲究“理”。那么，“理”是什么呢？是法律，是纲常，是道义，是辛勤的劳动人民在几千年间总结出来的生存智慧。以法律为例，在法制社会的今天，人们不管是做人还是做事，往往以法律为约束，很少有人故意做违法乱纪的事情。正因为如此，社会生活才有秩序和安定可言。然而，民间还有一句话，叫法不外乎情理。这句话的意思是说，虽然法律铁面无情，但是依然要考虑情理的因素。从这句话不难看出，在老百姓心目中，符合情理甚至比单纯地遵守法律更

重要。

生活中，很多人都因为占理，时时处处不饶人，总是想证明自己是对的，他人是错的。仔细想想，即使真的证明了你的正确和他的错误又有什么意义呢？做事情时，我们一定要清楚自己的目标。要知道，你的终极目的不是争个对错输赢，而是让对方心服口服。既然这样，为何不在讲理的同时主动退后一步。这样一来，既显得你高姿态，也能够打动对方，让其主动认识到自己的错误，努力改正。如此一举三得的好事情，何乐而不为呢？古人云，高一步立身，退一步处世。这句话是非常有道理的。人生一世，哪有人会一帆风顺呢！尤其是与人相处时，难免会有些磕磕绊绊的不愉快。在这种情况下，与其偏执地讲理失去人心，不如大度地后退一步，以退为进。

壮壮大学毕业后，很想去大城市闯荡。虽然在省城读大学的他已经被录取进银行系统，但他还是想搏一搏。听说壮壮的想法后，爸爸妈妈都很担心。归根结底，他们只有壮壮一个儿子，不想让他走得太远。尤其是爸爸妈妈中年得子，壮壮大学毕业之际他们已经60多岁了，很希望壮壮能够留在他们身边多多照应。

刚开始时，爸爸非常生硬地对壮壮说："壮壮，养儿防老。我和你妈辛辛苦苦把你养大，不是让你不管我们的。总而言之，我们不同意。"看到爸爸的态度这么生硬，壮壮也起了逆反心理。他说："你们养育我，难道就是为了剪掉我的翅膀

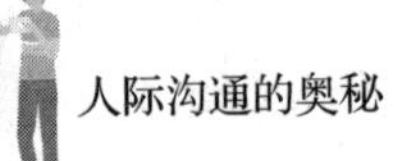

吗？”壮壮的反驳不无道理，爸爸只好不再争执。看到爸爸做思想工作的效果不好，妈妈打起了感情牌。她说：“壮壮，如果你坚持去大城市，我和你爸爸只能支持你。只是，我和爸爸年纪都大了，我有高血压，你爸爸有糖尿病。也怪我们，如果我们现在50来岁，那么你尽可以到处飞。就是我们太老了，拖累你了。你去吧，我和你爸爸会相互照顾的。”听了妈妈的话，壮壮心里很难受。看着满头白发的妈妈，壮壮说：“妈妈，我会慎重考虑的。”最终，壮壮选择留在了省城的银行工作。毕竟，银行的工作非常稳定，福利待遇也很好，这让他能够给予父母更安定快乐的晚年生活。

爸爸的话虽然有道理，但是这样明显的讨债态度让壮壮很难接受。很多时候，不是有理就能成功说服他人的。反而是妈妈，她和颜悦色地肯定了壮壮的想法，又进行了自我检讨，觉得自己拖累了孩子。这样温言细语地说下来，壮壮反而意识到了自己身上的责任，也能够更慎重地考虑去留问题，最终做出了让父母满意的选择。

常言说“晓之以理，动之以情”，对于理智的人，从道理上说通即可。对于感性的人，一味地讲道理则不如以情动人，打动他的心。现代社会，人际关系被提升到前所未有的高度。要想玩转职场，快乐生活，我们就必须提高情商，学会以情动人，以理待人。

倾诉能适当缓解压力，但说话不可喋喋不休

在生活当中，人们会碰到很多不如意的事情。有些人往往会被这些事情所困扰，以至于陷入不能自拔的境地。他们会不断地将自己的不幸与烦恼向别人倾诉，企图得到心理上的慰藉。然而，他们却从来没有想过：当向别人倾吐自己烦恼的时候，也同时给别人造成了负面影响。

每个人都有失意的事，包括事业上的失意、感情上的失意和家庭上的失意。事实上，在这个世界上真正让人舒心的事很少，即使有舒心的事人们也很容易淡忘，萦绕于心头的很多事并不十分愉快。失意的事本来就让人痛苦，搁在心里不找人倾吐更痛苦。心理学家认为：把失意的事藏在心里会造成心理疾病，所以找人倾吐心声也是可取的。向别人倾诉苦衷的时候，你的确会感到轻松些，能够适当缓解压力。但过多地向人诉说自己的烦恼就会带来不良的后果！

对有些烦恼、有些失意或是希望得到别人安慰的事，你应该把它们说给心理医生或是值得信赖的家人或朋友听，千万不要逢人就倾吐自己心中的苦衷，这样不但无法激起对方的心理共鸣，而且会徒增对方的反感。

吐露失意的事，不管是主动吐露还是被动吐露，都会带来负面影响。

1.吐露失意的事，无意中塑造了自己无能、软弱的形象

虽然每个人都会有失意的事，但如果你在吐露失意的事

时，别人正在得意，那么他会直觉地认为你是个无能或能力不足的人，要不然怎么会失意？虽然不会说出来，但心里多少会这样想，而且失意的事一讲，有时会因情绪失控而一发不可收拾，造成别人的尴尬，这才是最尴尬的一件事。如果你的失意情绪能够引起别人的安慰，温暖固然温暖，但你却会因此变成一个无助的人。

2. 吐露失意的事，别人会对你产生不良印象

很多人凭主观印象来评价别人，一般来说，自信、坚定的人，别人对他的印象就会比较好；如果他是个事业有成的人，那么更会获得尊敬。如果你失意的事让别人知道了，他们会下意识地对你产生不良印象，对你的态度也会很自然地转变，由尊敬、热情而变得不屑、冷淡。

失意的事如果说得太多，让你的朋友们都知道了，那么你的朋友们会为你贴上一个标签：失败者！当谈到你时，便会想到这些事。

3. 吐露失意的事时，难免会说别人的坏话

说别人的坏话和抱怨的情况是同样的，也许时下心里感觉畅快了，但你的听众可能会无法忍受，从而产生这样的想法，“不知道这人在私底下是怎样讲我的”，因而失去对你的信任，甚至会对你产生厌恶之情。在社交场合与人说话时，最好选择较为轻松愉快的话题，尽量不要提及个人过去不愉快的经历，以免让对方觉得沉闷、无聊，对你产生不良印象。

第05章

掌握闲聊技巧，让日常沟通惬意轻松

随意轻松，闲聊不必严肃刻板

所谓的闲聊，和正式的交谈不同。正式的交谈是有计划、有目的的，因而要讲究策略和方法，从而才能让交谈进行下去。但是闲聊则不然，闲聊往往是随意的、漫无目的的，而且可以采取各种各样的方式，也可以说各种各样的话题。所以，闲聊时，我们要放松紧绷的心情，让自己变得更加轻松惬意，而避免把紧张的情绪传染给他人，从而导致交谈的氛围更加紧张。

假如说聊天也是要有情调的，那么聊天就是要轻松愉悦。聊天不同于开会，也不同于交谈那样有目的性和针对性，而应漫无目的、天马行空、随意自然。否则，如果我们一边和人聊天，一边担心自己的哪句话会不会说错，是否会被他人抓住把柄，那的确太累了。

这个周末，妈妈准备带甜甜去游乐场玩。但是因为甜甜的作业还没有写完，所以妈妈给甜甜两个小时的时间，即从早晨8点到10点。眼看着都9点45分了，妈妈催促甜甜说："甜甜，要抓紧时间写作业啊，马上就要10点了。"甜甜抬头看看钟，说："妈妈你是个大骗子，没到10点啊！现在才9点45分，距离10点还有15分钟呢！"妈妈说："我说的是快到10点了。"甜甜又说："还有15分钟，怎么是快到10点了呢！难道9点30分也

可以说成快到10点了吗？”妈妈显然有些不高兴，她批评甜甜说：“你不要再咬文嚼字了，还是抓紧时间写作业吧，10点钟准时出发，不管你说现在是几点。”甜甜还在嘀咕着说：“妈妈就是个大骗子，根本距离10点还早着呢！”

原本已经不说话的妈妈，这时候声音高了八度：“你这个孩子怎么这么较真儿呢？我再说一遍，我说的是快到10点了，根本不是已经10点了。你与其浪费时间，不如好好写作业，简直是个杠头！”当然，甜甜听到妈妈说自己是杠头也很不乐意。就这样，她们娘儿俩大吵了一架，为此耽误了出行。对于小孩子而言，他们还不懂得模糊数学的概念，又因为其刚刚掌握一些新知识，因而凡事较真儿的情况很普遍。但是对于成人而言，如果还是这样事事较真儿，就很让人尴尬了。的确，生活中需要精确，但是生活中也同样需要模糊。有很多事情并不是非黑即白，也不是非对即错，唯有端正心态，把心态放平和，我们才能更好地与人交流，也才能与他人搞好关系，与快乐相随。

生活中，我们也许会缺少很多东西，但是唯独不缺较真儿。因为生活真的不需要较真儿，哪怕是坐在谈判桌上，我们也无须与他人针锋相对，更不能与他人锱铢必较。尤其是在职场上，我们也许和上司谈论重要的事情时不得不严肃认真，但是闲聊却不是向上司汇报工作，所以我们完全可以放松心态，这样我们的人生才能更加顺遂如意。

慎重对待他人的问询，快速获得他人认可

一句陈述句往往很难激起人们的谈兴，因为陈述句平铺直叙，根本没有什么值得人们注意的地方。相比之下，一句询问句则能够更好地激发出人们的谈兴，使得人们在回答他人问题的同时，了解他人的所思所想，发现对方的兴趣所在。因而在与陌生人交流时，我们一定不要忽视他人的问询，而要慎重对待他人的问询，从而帮助自己更好地博得对方的认可。

进一步而言，提问的方式有很多种。有封闭式提问、选择式提问和开放式提问。善于聊天的人总是喜欢选择开放式提问，而不愿意使用封闭式提问。顾名思义，封闭式提问易让人的回答成为谈话的终结，使人们彼此之间的交流无法生动地继续下去。因而我们在向他人提问时，要注意多采用开放式提问，这样才能启发和拓宽他人的思路，从而使他人给我们的回答妙趣横生。当然，我们在回答别人的提问时也需要注意尽量不使用陈述句作为结尾。例如，当别人问你：“前几天去哪里玩了？”你可以回答：“去了日本，看了樱花，樱花特别漂亮，美得壮观。”在你这样回答完之后，对方必须再次绞尽脑汁地想其他问题来向你提问，才能让你们的交流继续下去。中国人向来讲究礼尚往来，其实对于他人的提问，我们也应该保持兴趣，给予反馈。假如你回答：“我去日本看了樱花，简直太漂亮了。你呢？这几天有没有出去玩？”这样一来，对方就

会接着回答你的问题，在你们有来有往的问答中，你们必然谈得越来越顺畅，对彼此的了解也会更加深入。

实际上，当对方问你去哪里玩的时候，就说明对方对你游玩的感受感兴趣，对方其实也在暗示你问他同样的问题。这样一来，谈话必然能够得以延续，趣味盎然。毫无疑问，在两种回答中，第二种回答更加完美，也有助于人们的交流。很多时候，问题中会蕴含着强烈的意味。我们只有多多关注他人的询问，才能了解他人隐藏在问题之中的微妙心思。诸如有人问你："你知道吗？人家林倩又去马尔代夫度假了！"这句话的背后，你是否能够领悟到对方的心思，即她很羡慕林倩，也很想像林倩一样去马尔代夫度假。这样一来，当你也表现出自己想去马尔代夫的心愿时，你们之间必然会产生共鸣，也会有更多的话可说。

退休后，老王每天都觉得百无聊赖。子女都上班了不在家，老伴儿又去老家看望老母亲了，所以家里只剩下老王一个人，简直孤独极了。

有一天，老王无意间看到网络上有去韩国的游轮旅游，只有一个星期的时间，而且行程缓慢，尤其适合老人跟团。为此，等到他女儿下班回来后，老王便问女儿："闺女，现在有去韩国的游轮游，你知道吗？"他闺女连连点头说："嗯嗯，我们刚刚有同事去过，说还挺好玩儿的，一点儿也不累。"闺女回答完爸爸的话就不吭声了，爸爸却满怀期待地看着闺女，闺女脑海中突然灵光一闪，说："爸爸，妈妈正好也不在家，你想跟团去韩国玩儿吗？"老王脸上瞬间就笑开了花，说："好啊好啊！我在家真的很无聊。你们都去上班了，我都不知道该干什么。"得知老王的心思后，他闺女当即上网给老王报名参加了次日出发的韩国游轮游，老王当天晚上就急忙收拾衣服，开心极了。老王还打电话告诉老伴儿他即将去旅行，还在电话中夸赞闺女很孝顺，是真正的贴心小棉袄呢！

老王无缘无故地提起韩国的游轮游，他闺女原本没想到爸爸提问背后的意思，只是简单回答了爸爸的问题。后来看到他爸爸期待的目光，闺女才恍然大悟，意识到他爸爸原来也想去旅游，这才一语中的，把话说到老王的心里去了。

在交谈中，我们必须能敏锐地觉察他人问询背后隐藏的含义，这样我们才能最终恰到好处地把话语权交给他人，让他人畅所欲言。在交谈中，人人都想成为主导话语权的人，我们也只有把交谈的主动权交给强烈想要倾诉的一方，才能在对方的侃侃而谈中让谈话的氛围越来越好。因而，朋友们要想活跃谈话氛围，不如就从洞察对方的谈话意图开始吧！

交流绝不像大多数人想的那样只要上下嘴唇一动就能顺畅起来。其实，交流是非常微妙的，也最考验人们的社交能力。当我们能够做到与陌生人侃侃而谈，毫无生疏感和隔阂感，那么我们的人际关系一定会越来越好。

控制好自己的心态，发自内心友好地对待陌生人

人本能就会趋利避害，每个人都喜欢听好听的话、赞美的话，而不喜欢被他人批评和否定。同样的道理，每个人都喜欢和对自己有好感的人相处，而不喜欢面对排斥和拒绝自己的人。因而在面对陌生人时，假如我们能够控制好自己的心态，真正发自内心友好地对待陌生人，那么他人也一定会感受到我们的真诚和善意，从而与我们更好地相处和交往。

如果说对于熟悉的朋友之间能够彼此了解，心有灵犀，也有默契，那么对于初次见面的陌生人而言，要想让他人感受到我们的好意，我们就必须会表达。因为是初次见面，彼此缺乏了解，过于逢迎对方或者带着讨好的意味赞美对方，都是不可取的。否则一旦给人留下虚伪和急功近利的印象，再想改变就很难了。那么，我们必须恰到好处地表现出对对方的好感，才能给对方留下好印象，也才能理所当然地与对方拉近关系，顺畅沟通。

表现出对对方的好感，最直接的办法就是表现出对对方的友善，面带笑容，眼里含笑意，这是表现好感最直截了当的方式。我们的面部表情、肢体语言以及眼神等，都能表现出我们对他人的厌恶和喜好。

在寒暄或者搭讪之后，我们与对方有了语言交流，表现好感就显得更加容易。例如，我们可以恰到好处地赞美对方显而

易见的优点。注意，此刻我们与对方还没有深入了解，因而我们最好赞美对方显而易见的优点，这样才能避免涉嫌故意讨好对方，诸如赞美对方的时装款式新颖，或者赞美对方思维敏捷等。要知道，赞美是人际交往中最好的润滑剂，没有人会拒绝一个面带微笑赞美自己的人。

表现对对方的好感时还可以表现出想要了解他人的欲望。毋庸置疑，对于一个我们讨厌，或者我们不愿意继续交往的人，我们很难表现出对对方有着浓厚的兴趣，而只想马上结束交谈，再也不愿意见到对方。相反，对于一个我们愿意深入了解和继续交往的人，我们则总是想要更深入地了解更多关于对方的事情，也愿意拥有更多的机会与对方见面。在这种情况下，我们的浓厚兴趣，就会让对方意识到我们对他们有好感，也让他们知道我们是愿意与其深入交往的。这样一来，对方出于投桃报李的心理，也会对我们更友善。

在这次聚会上，林倩一直和一位陌生的男士聊得很开心。这次聚会参加的人很多，而林倩又是个不爱热闹喜欢安静的人。因而和熟悉的人打过招呼后，她就在角落里的沙发上坐下，拿了一杯红酒，安静地捧着一本书看了起来。看到大多数女孩儿都在尽情展示自己，但是林倩却如此安静，一位男士不由得对林倩感到好奇。他走到林倩面前，问是否可以同坐一个沙发，林倩微笑着点点头，暗自想道："这位男士看起来很绅士，也许我会度过一个与众不同的聚会之夜"。

果然，当男士抱着试试看的态度和林倩搭讪说："最近，《摆渡人》这本书炙手可热，你也在看啊！"林倩当即笑着回应说："是啊！我已经看第二遍了，你也看过这本书吗？"该男士听到林倩居然在回应他，不由得高兴起来，暗自想道："看来，我还不是那么招人讨厌，这位美丽的女士很想就这本书和我展开一番交谈呢！"想到这里，该男士说："嗯，我也在看，不过因为工作太忙了，还没有看完。你觉得故事中的男女主人公怎么样？你都看第二遍了，一定很有发言权。"林倩有些害羞地说："我是因为第一遍没好好看，才看第二遍的。不过，这个故事的确很能打动人心。虽然讲述的是个虚拟的故事，但是却剖析了生活的本质，真的让人读后感慨万千啊！现实生活中，我们不知道谁是谁的摆渡人，也不知道自己是否在摆渡他人。"就这样，对于林倩而言一个原本寂寞的夜晚，在与该男士一见如故、相谈甚欢的交流中度过了。这都是因为林倩首先以微笑、积极回应向该男士伸出了橄榄枝，所以才有后来的相谈甚欢。

表达好感的方式有很多种，诸如微笑、积极回应、主动询问对方一些事情等，这都会让对方感受到我们发自内心的好感，也会推动我们与他人之间的关系更加良性发展。尤其是在面对陌生人时，我们更要主动抛出橄榄枝，才能得到他人积极的回应，与他人的交往才会渐入佳境。

朋友们，要想博得对方的认可和接受，让对方也对我们产

生好感，我们首先就要表现出对对方的好感。不管是理解还是尊重，都是相互的，好感也是如此。我们唯有表现出对他人有好感，向他人传递我们乐于交往的积极态度，才能得到对方的积极回应，从而与对方一起努力，经营好人际关系。

投石问路，开口前先了解对方

当你有具体想法时，不要直接提出，而应该先提一个与自己本意相关的问题，请对方回答，如果从其答案中，自己已经得出否定性的判断，那就不要再提出自己原定的想法了，以免尴尬。例如，有位女士买了一袋食品，拿回家后感到服务员找的钱不对，但是又没有把握是人家找错了。于是她又回去，问道："小姐，这种食品多少钱？"对方回答后，她立即明白是自己算错了，说了句"谢谢"，满意地离开了商场。这位女士的处理方法就是明智的。

这个事例告诉我们，当自己拿不准的时候，不要武断地否定对方，最好先摸清情况，再决定下一步如何行动。那么，具体应该怎么做呢？

1. 触类旁通法

当你想提出一个要求时，可以先提出一个与此同属一类的问题，试探对方的态度。如果得到肯定的信息，便可进一步提

出自己的要求；如果对方的态度是否定的，那就免开尊口，以免遭到拒绝而出现尴尬。例如，有一位干部打算调离本单位，但是又担心领导当场给予否定或给领导留下坏印象，以后不好工作。于是他这样提出问题："书记，咱们单位有的青年干部想挪挪窝儿，您觉得怎么样？"书记说："人才流动我是赞成的。"他见领导态度可以，于是进一步说道："如果这个人是我呢？""那也不拦，只要有地方要，你可以另谋高就。"他据此摸清了领导的态度。不久，正式向领导提出了调动的申请。用触类旁通法进行试探，其好处是可进可退，进退自如，在交际中有广泛的用途。

2. 顺便提出法

有时提出问题，并不用采用郑重其事的方式，因为这种方式显得过分重视，一旦被否定，自己就会感到下不来台；而如果在执行某一交际任务过程中，利用适当时机顺便提出自己的问题，给人的印象是并未把此事看得很重，即使不能满足，也没有什么感觉。例如，某业务员在与某厂长谈生意告一段落时，向对方提出一个问题，说："顺便问一句，你们厂要不要人？我有个同事想到你们这里来工作。"厂长说："我们厂的效益不错，想来的人很多。可是目前我们一个也没要。""噢，是这样。"在对方的否定答复面前，他一点儿也没有感到尴尬，但是已达到了试探的目的。如果一开始他就以郑重其事的态度向对方提出这个问题，并遭到对方的拒绝，那

现场的气氛就可想而知了。

再如，小闰随同厂长去拜访一位有名望的书法家，在谈完正事之后，小闰乘机说：“万老，我很喜欢您的字，如果您在百忙中能给我写一幅，那就太好了。”万老说：“近来我的身体不太好，以后再说吧。”很显然这是在拒绝，但是，由于是顺便提出的要求，小闰并不感到尴尬。

实际上，在很多情况下，顺便提出的问题往往是自己的真正意图，但是，由于使用这种轻描淡写的方式顺便一说，就使自己变得更主动一些，有退路可走，并可以有效地防止因对方否定而产生心理失衡。

3. 开玩笑法

有时可以把本来应郑重其事提出的问题用开玩笑的口气说出来，如果对方给予否定，便可把这个问题归结为开玩笑，这样既可达到试探的目的，又可在一笑之中化解尴尬，维护自尊。

朋友们，更多地了解对方是获得成功的基础，要想了解别人，除了私下进行大量的调查研究、掌握资料之外，还要在交际中直接或间接地提出问题，进行咨询，这也是一种很好的方法。此外，作为一个好的策略，投石问路需要把握火候，有一定的技巧。如果你把握得好，提问得很有艺术也很有水平，别人又能接受，那么你就可以从对方那里得到通常不易得到的资料。

根据场合说话，别触及一些敏感话题

虽然大多数人谈话都是即兴的，但是也需要注意，有些话在有些场合绝对不能说起。否则会引发尴尬，甚至会导致朋友之间反目成仇，那可就得不偿失了。实际上，我们每个人每天都要经历各种各样的场合。例如，生活中去菜场、超市买些日常用品是一种场合，在工作中与不同的人见面是另一种场合等。由此可见，人人都会身处不同的场合，每个场合都有每个场合的特殊性。唯有如此，我们才能避免在某些特殊场合提起敏感的话题，从而破坏人际关系。

这里所指的场合，不但指的是客观环境和社会环境，而且还包括我们面对的不同人和经历的不同事情。很多人自以为自己说话是出于善意，因而就口无遮拦，但是实际上，说者无心，听者有意。很多时候，我们毫不在意地把话说出来，但是却导致事情朝着相反的方向发展，就是因为我们不了解听众的心意，因而好心办了坏事。所以，做人做事一定要恰到好处，说话更是要分清楚场合，才能让事情朝着我们期望的方向发展。

很久以前，有户人家娶媳妇。为了讲排场，婆婆特意从村子里借了两匹马，和自家的一匹马一起去迎亲。在鼓乐喧天中，新娘子骑着马开始往婆家出发，半路上，她急不可耐地掀开盖头，问迎亲的人：“这三匹马都是我家的吗？”迎亲的人

告诉她："只有中间你骑着的这匹马是你家的，两边的马是你婆婆从村子里的人家借来的。"新娘子不由得忧心忡忡地说："你要是觉得马走得太慢，就打两边的马，这样我家的马也会跟着快起来的。"迎亲的人不知道新娘子的意思，感觉丈二和尚摸不着头脑。

才刚刚到了婆家门口，一下马新娘子就赶紧叮嘱婆家出来迎接他的人："过日子必须仔细，每次做完饭必须熄火，这样不但能消除火灾隐患，而且还能节省柴火。"婆家人对新娘子的话很不满意，心中暗想道："这才是新媳妇还没过门呢，就开始当起管家婆了。要是以后她真的成了老媳妇，不定要怎么管着我们呢！"后来，新娘子走过院落，正要迈过门槛进入堂屋，她看着脚尖的时候，从眼角的余光看到堂屋门口有个石臼，她又突然停下来说："这个石臼容易绊倒人，再把看热闹的人绊倒了、摔伤了，可得破财啊！"就这样，她坚持让扶着她进门的人把石臼搬走。看热闹的人看到新娘子这么操心，不由得觉得可笑。要知道，其他新娘子可都是只一心一意地当好新娘子，对什么事情都不放在心上的。从此之后，村里人都知道这个新娘子非常操心了。

每个看到这个故事的人，都会觉得这个新娘子非常可笑。然而笑过之后，我们也应该反省自己，到底这个新娘子为何让人发笑呢？其实，她说的事情和操的心原本是没有错的，也并不多余，但是错就错在她却偏偏要在当新娘子这天操心，就连

当新娘子都阻止不了她指手画脚，这样一来自然就会使人觉得她很讨厌了，也未免会对她心生反感。

现实生活中，我们不管做什么事情都要区分场合，同样的话也许在这个场合说出来就很好，但是在那个场合说出来就会显得格格不入。因而我们唯有在不同的场合说不同的话，并且把话说得恰到好处，才能避免贻笑大方。

假如一个人不管做事情还是说话，都从来不区分场合，那么他就算是好心，也很有可能好心办了坏事，导致事与愿违。

闲聊要随意，力求从容愉快

在进行有目的的交谈时，人们总是受限于既定思路，不敢随意发挥。当然，对于正规的谈话，或者是有固定模式的谈话，天马行空是要不得的。但是对于日常生活和工作中的正常聊天，则无须过于紧张，否则就会故步自封，失去交流的生动和灵活性。

很多朋友在与人聊天时都觉得很奇怪，总认为自己只要一张嘴，就让聊天戛然而止。为此，他们怀疑自己的个人魅力，甚至觉得自己受到了其他人的排挤。实际上，真实的情况并非如此。很多时候，我们并非个人魅力或者品质有问题，而只是说话的方式不够恰当。举例而言，很多人聊天时都喜欢用封闭

式提问的方式与人交流，这种人往往控制欲望强，总是想要占据谈话的主导地位，不愿意把交流的主动权交给他人。这样往往会导致谈话显得很僵硬。真正擅长谈话的人，喜欢用开放式提问与人交流。那么，到底什么是开放式提问，什么是封闭式提问呢？简而言之，开放式提问就是能够让对方随意发挥聊天能力，来回答问题的提问。诸如，“你的家乡在哪里？”“你觉得这件事情怎么样？”“你怎么看待这个人？”等，这些都是开放式提问。再如，“你喜欢苹果还是李子？”“你选择和我们一起走还是和他人一起走？”“你只需要告诉我这件事情是对还是错？”这些问题都限制了对方回答问题的方式和思路，属于封闭式提问。显而易见，仅从问题表面来看，也是开放式提问更有利于促进聊天。

所谓聊天，和正式的交谈还是有区别的。正式的交谈往往带着强烈的目的性，会使人不得不采取一定的技巧和策略，从而达到交流的目的。但是非正式的聊天，则有更多的随意性，也更能够让人天马行空，采取发散性思维，从而使一切都朝着更加轻松惬意的方向发展。

从谈话氛围的角度而言，开放式提问使人觉得轻松自如，但是封闭式提问却给人咄咄逼人的感觉。很多时候，审问犯人时会采取封闭式提问的方式，这是我们在聊天时应该深思的。唯有采取恰到好处的提问方式，我们才能与他人之间和谐融洽地相处，也才能使得聊天达到好的效果。当然，封闭式提问未

必完全不好。当我们想在交谈中得到某种特定的回答时，我们就可以采取封闭式提问，这样能够引导对方的思路沿着我们的思路方向发展，从而使我们如愿以偿地得到想要的回答。

作为销售人员，朱丽娟的销售业绩一直都很不错。虽然她是职场新人，但是她进入公司没多久就有业绩了。同事们都觉得很奇怪，不知道她为何能表现得如此优秀。在经验分享会上，朱丽娟告诉大家："其实，我也没什么特殊的本领，我就是比较喜欢聊天而已。往往是和客户聊着聊着就成了好朋友，这样一来，我和客户沟通起来就比较容易了，当然客户也比较信任我。"同事们显然对于朱丽娟分享的这个经验不够满意，因而他们当即又问朱丽娟："那么，你到底是如何与客户聊天的呢？我们有时候和客户聊天，总是被客户排斥啊！"朱丽娟笑着说："其实，只要掌握技巧，和客户聊天还是很容易的。比如，我和客户聊天时，不会采取封闭式提问，而是经常使用开放式提问，这样客户不会觉得我急于求成，急着想要把房子推销给他们。"自然，接下来的时间里，朱丽娟针对开放式提问和封闭式提问，对同事们进行了详细的讲解。

作为销售人员，很多人都迫不及待地想要与客户成交，因而与客户聊天时总是咄咄逼人。实际上，与客户聊天也要选择时机。例如，在和客户套近乎或者加深感情的时候，最好采取开放式提问与客户交流，这样会使客户觉得轻松，客户也会非常信任我们。相反，在最后促使客户成交的阶段，如果客户始

终拿不定主意，无法选定自己需要的产品，那么就可以对他们进行封闭式提问，这样他们才会更容易下定决心。不过，凡事皆有度，不管是用开放式提问还是封闭式提问，都要掌握好时机，也要把握好度。唯有如此，我们才能让聊天从容愉快地进行下去，且最终取得圆满的结果。

为了打开他人的话匣子，了解他人的内心想法，我们还是应该尽量在聊天时多使用开放式提问，发散他人的思维，帮助他人更好地激发灵感，说出心底深处甚至是潜意识中的想法。很多人的性格原本就很内向，他们不好意思主动袒露心扉，又因为生性怯懦，因而会勉为其难地从封闭式提问中进行选择。

当然，有的时候提问者也是无意识地使用封闭式提问在进行交流，因而提问者应该有意识地使用开放式提问的方式让对方回答问题。唯有交流双方齐心协力地努力，交流才会更加圆满顺畅。

第06章

抛砖引玉，选好话题让交谈更加和谐

可以提提生活中的小麻烦，作为沟通的切入点

与人交谈时，很多人都为自己找不到交谈的好话题而感到郁闷。殊不知，话题总是随处可见的。只要我们处处留心，就总是有谈不完的话题，就连生活中的那些小麻烦，也能帮助我们与他人成功搭讪，使彼此相谈甚欢。

所谓闲谈，就是人们彼此之间闲来无事的交谈。很多闲谈就是漫无目的的交谈，有些闲谈则是作为正式交谈前的序幕出现的，所以对于第二种闲谈，很多人都会如临大敌，生怕一语不慎就会导致严重的后果。实际上，闲谈不是打仗，更无须拼个你死我活，只是活跃气氛而已，根本无须过于紧张。

当然，不同地方的人们闲谈的话题也是不一样的。例如，首都北京，哪怕是街头一个遛弯儿的老爷子，也能对国际、国内形势侃侃而谈。但是如果把这个场景换到三四线城市，那么人们闲谈的话题无外乎是生活、教育、医疗等。若把这个场景搬到农村，则大多数农民谈论的是地里的收成、自己或者其他人的家长里短。由此可见，闲谈随着地点的转移，也会出现变化。那么，我们到底需要怎样的谈资呢？其实，不管是在生活中还是在工作中，我们要想成功地与他人套近乎，打开他人心扉，都可以生活中的小麻烦作为谈资。一则，你所面临的困惑

其他人也会面临，所以你们很有可能产生共鸣；二则，生活中的小麻烦也许会显示你的尴尬和无奈，恰恰是这些小小的不尽如人意，使他人在你面前变得轻松起来。那么，生活中都有哪些小麻烦呢？例如，有一次坐地铁时被地铁门夹住了衣服；有一次赶火车的时候还差一分钟就发车了；你还可能被人称为叔叔或者阿姨，但是你一直觉得自己只是哥哥或者姐姐。这些小小的尴尬，都能为你与他人的交谈提供很好的谈资。而且心理学研究显示，很多人不喜欢听到他人炫耀或者显摆，但是却喜欢听到他人的尴尬和难堪事。因而适当向他们诉说自己的小麻烦，对于发展人际关系是有很大好处的。

即将大学毕业的帅帅眼下正和大多数同学一样，一面忙着准备毕业论文，一面忙着四处奔波参加工作面试。一天，帅帅要去参加一家大企业的面试，原本他是抱着势在必得的心理，却没想到他乘坐地铁时，地铁轨道上有人卧轨自杀，导致他迟到了一个多小时才赶到该企业的总部。

这个时候，面试已经进入尾声了，帅帅有些忐忑地等在门外，等着面试官出来。因为他不知道面试官是否会体谅他遇到地铁站发生的意外事故，也不确定面试官是否还会给他一次机会。足足等了一个小时，帅帅在最后一个面试者走出来之后，才看到面试官抱着一叠资料走出来。这时，帅帅迎着面试官走过去说："张总，非常抱歉，我原本是应该第一个来面试的，但是我迟到了。今天地铁有人卧轨自杀，导致全线瘫痪，所以

我最后一个才到。”面试官显然还不知道这个消息，因而惊讶地问：“卧轨自杀？！现在的年轻人怎么都这么脆弱啊！”帅帅看到面试官停下脚步，马上抓住机会说：“是啊，虽然现在社会生存压力很大，但是我觉得我们的抗压能力应该更强大。父母辛苦抚养我们成长，社会也寄予我们厚望，一个人连死都不怕了，为何要怕活着？我要是他，我就知难而上，绝不被任何事情击垮。”听到帅帅的话，面试官觉得很有意思，因而问：“在工作中，假如你觉得压力太大，你会怎么做？”这显然是面试题，看到面试官对自己产生了兴趣，帅帅高兴极了。他侃侃而谈，给出了面试官满意的答案，面试官对他说：“等通知吧，明天面试结果出来之后，人事部会通知你的。”

就这样，帅帅虽然错过了面试，却没有错失工作机会。他凭借自己的出色表现，从生活中的小麻烦切入话题，向面试官展现了自己。他得到了面试官的认可和赏识，结果可想而知。

生活并非是一帆风顺的，很多时候我们都会面临生活中发生的意外事情。唯有怀着一颗坚强的心，始终平静从容地面对生活，我们才能在生活的考验中交出让人满意的答卷。原本帅帅因为意外事故导致面试迟到是件坏事情，却在他的努力争取下变成了好事，不得不说事在人为。只要我们不放弃，希望就永远在我们心中。

谈谈对方感兴趣的话题，对方一定乐于回答

很多人都曾经在电视上看到过明星接受采访的新闻或者娱乐报道，细心的朋友们会发现，明星对于感兴趣的话题很快就会给出那些令人满意的答案，但是对于他们不感兴趣的话题，他们则会避而不谈，或者直接拒绝回答。的确，这是人的本能，当一个问题非常棘手，而且回答了也未必会得到好的结果时，人们总是选择避而不答。与此相反，当人们对于一个问题很感兴趣，而且也乐于做出回答时，那么他们一定会积极主动地回答问题，对于提问者更不会产生排斥和抵触的情绪。

由此可见，在人际交往的过程中，在与他人交流时，我们要想使交流能顺畅进行，就必须提出让对方感兴趣的话题，这样才能激起对方的谈兴，也才能让对方乐于回答我们的问题。假如你曾经对各种各样的交谈进行过细致观察，你会发现人与人之间几乎所有的交流，都是从提问开始的。中国人向来喜欢以“吃饭了吗”作为寒暄语，这句话在很长时间里一直帮助人们建立起联系。此外，在英国，因为气候湿润，经常大雾弥漫，所以人们更加习惯了以天气与人搭讪，从而彼此展开话题。

很多人在与陌生人交流时，最担心的问题就是害怕交谈不能继续下去。其实，只要我们能够找到合适的话题，让对方对谈话兴致盎然，对方一定会乐于对我们做出回答。尤其是陌生人之间，原本彼此就心怀戒备，假如提出的又是对方不想回答的问题，那么一定会使谈话气氛更加尴尬。当然，我们并不是任何人肚子里的蛔虫，也无法完全了解陌生人的所思所想。但是我们很了解自己，所以可以由己及人，推测出对方的想法。这样一来，我们才能设身处地地为对方着想，也才能更加了解对方。一般情况下，如果我们事先并不了解陌生人，而且在正式展开交谈之前也没有机会了解陌生人，那么我们可以一边观察，一边在交谈过程中加深对陌生人的了解。通常情况下，人们对于自己感兴趣或者排斥的话题，反应是截然不同的。总之，我们要根据谈话对象的具体情况和表现，随时调整交谈的策略，从而让交谈能顺畅进行下去。

一天，艾瑞搭乘火车外出旅行。乘火车自然是件枯燥乏味的事，为此艾瑞决定要和身边的人搭讪。他先是对身边的人进行了一番观察，发现对方是个二十多岁的年轻女孩儿，看起来很像大学生，又看到对方的书包里露出一本书，是世界名著《飘》，艾瑞意识到对方一定很喜欢文学，而且也有着浪漫的情怀。为此，艾瑞问女孩儿："你也是一个人独自旅行吗？"女孩儿点点头没有说话。显而易见，艾瑞碰了个小小的钉子。的确，当女孩儿孤身一人旅行时，她们总是非常谨慎小心，不愿意和任何陌生人搭讪。

这时，艾瑞又问女孩儿："你看完《飘》了吗？你对斯嘉丽和白瑞德怎么看？"听到艾瑞的这句话，女孩儿的眼睛里不由得熠熠闪光。她问艾瑞："你也看过《飘》？"艾瑞点点头

说：“是的，大学期间就读过两遍。后来工作了，虽然一直想要重读，但是却始终没有时间。真怀念大学时光啊！可以悠闲地四处走走看看，做自己想做的事情，也能够有大量的时间读各种经典著作。”女孩儿问他：“你觉得是大学时代好，还是工作以后自己经济独立后好呢？其实，我一直盼望着能够大学毕业，尽快独立。”艾瑞笑着说：“其实读大学期间，我的想法和你一样，但是如果现在让我进行选择，我更愿意珍惜大学的美好时光，好好读书，好好学习，充实自己……”就这样，艾瑞和女孩儿你一句我一句地聊了起来，这主要是因为艾瑞提问时问到了女孩儿最感兴趣的话题，那就是对《飘》中斯嘉丽和白瑞德的看法。

每个人对于自己不感兴趣的话题，总是会表示排斥，尤其是当这些话题是由陌生人提出来时，人们的抵触情绪会更强。要想与陌生人成功搭讪，顺利与陌生人展开交谈，就一定要提出对方乐意回答的问题。当然，找准兴趣点是关键。艾瑞的提问之所以能够引发女孩儿的兴趣，就是因为他提起了女孩儿独自旅行都要带在身边的书。

现实生活中，我们有很多时候都要与陌生人交流。在和陌生人交谈时，我们一定要注意提问的方式、方法，也要把问题提得恰到好处。唯有如此，我们才能更好地与陌生人交流，也才能使我们的人脉资源得到不断地补充。当然，需要注意的是，除了要能提出让对方感兴趣的话题外，谈话之中也是有很

多禁忌的。我们要避开对方的隐私，也不要说容易招致对方猜疑和不满的话题，这样我们与对方才能和谐交流，我们也才能成功地打开对方的心扉。

活跃沟通氛围，不做话题终结者

现实生活中，有些人有着话题终结者的称号，一旦张口说话，马上就能让原本热烈的交谈氛围消失殆尽。在他们开口之后，几乎每个人都不想再继续说下去了，因为他们已经完全没有交谈的欲望了。这到底是为什么呢？虽然我们称其为话题终结者，而且这个名字听起来很酷，很像好莱坞大片中那些有着超能力的人，但是实际上真正被称为话题终结者的人都会特别苦恼。当然，不但他们本人会十分苦恼，与他们聊天的人也同样面临很大的压力，甚至需要鼓足勇气才能与他们继续交谈下去。

其实，没有人愿意变成话题终结者。一个人可以选择沉默，拒绝说话，却不想自己一开口就让所有的话题都结束。可想而知，话题终结者并非故意要结束人们的谈话，而是因为他们性格内向木讷寡言，根本不知道如何与人交谈和打交道，也不知道如何接着别人的话题与别人畅聊。前段时间的网络流行语——“呵呵”几乎就是话题终结者屡试不爽、百战百胜的神

器。哪怕大家正在聊得热火朝天，只要有人“呵呵”，大家马上就会禁言。因为“呵呵”代表说话者对于谈论的话题毫无兴趣，也如同一个魔咒一般让大家都不愿意承认自己对这个他人不感兴趣的话题很感兴趣。不得不说，人受从众心理的影响很大，在很大程度上左右了人们对于交谈内容的选择。

在和话题终结者交谈时，我们一定要调整好自己的状态，保持强大的气场，这样我们才能不被话题终结者压倒，而能够如愿以偿地继续谈论自己感兴趣的话题。现实的交谈中话题终结者并非都是以“呵呵”结束交谈，因为他们终结话题的讨论大多数是无意识的。例如，大家都在热烈讨论的时候，轮到某人发表对该问题的看法或者说出一些有新意的解决方法时，他们却说“我的看法和大家差不多”“我认可大家的解决方案”，以此作为回答，使每个人都会变得意兴索然，再也不愿意继续说下去。那么，如何才能打破话题终结者的魔咒呢？首先，如果对于彼此关系亲密和熟稔的朋友，我们可以强迫对方必须说出心里的想法，但是如果是对于陌生人，我们则要想办法突破他们的封闭式思维框架，从而让他们变得有话可说。这样一来，原本被话题终结者弄得如同死水般的谈话就会再次被激活，大家也就可以继续积极地畅所欲言了。当我们能够打破话题终结者的魔咒，与话题终结者也能畅聊时，我们与人交流的能力一定会得到很大的提高。

自从爸爸去世后，一直是大姐帮着妈妈抚养兄弟姐妹，供

养兄弟姐妹们上大学。眼看着最小的弟弟也要大学毕业了，大姐才开始考虑个人问题。已经年近40岁的她好不容易才找到合适的结婚对象，妈妈高兴极了，嘱咐兄弟姐妹们一定要齐心协力，给他们的大姐举办一个完美的婚礼。

虽然大姐坚持不想麻烦弟妹们，但是妈妈还是在周末的时候把大家召集在了一起，共同商讨大姐结婚的大事。其中小弟弟最高兴，他一直认为大姐像妈妈一样的好，因而他迫不及待地说："大姐，我要花光毕业后第一个月的工资，为你准备一份厚礼。可惜我没有积蓄，不然我愿意付出所有，只要大姐高兴。不过大姐请你放心，等我有了更多的收入，我会把你当成妈妈一样来孝敬。"小弟弟的话使大家都陷入了深思，弟妹们曾经都看到过大姐的无私付出，所以他们都百感交集。接下来是小妹妹、大妹的踊跃发言，到最后只有大弟弟一直沉默不语。妈妈自然知道大弟弟的心思，因为大弟弟已经成家立业，给大姐多少回报并非是他说了能算的。为此当妈妈问起大弟弟的想法时，大弟弟只是轻描淡写地说："我同意大家的意见。"其实，大家也都知道大弟弟的媳妇不是那么好说话的人，不过弟妹们还是对大弟弟说："大哥，大姐辍学的时候，是为了把上高中的机会让给你。后来你是咱们家第一个读大学的，大姐一直对你倾力相助，不管吃多少苦，都供养你读完了研究生。你可不能不说，你还是我们的榜样呢！"在弟妹们的撺掇下，大弟弟想起大姐曾经的辛苦，不由得热泪盈眶。他激

动地说：“我给大姐买辆车，这样大姐经营饭店也能用得上，而且还能方便一些。”听到大弟弟的话，虽然大弟媳很不高兴，但是大家还是高兴地为他鼓起掌来。

对于大弟弟之前作为话题终结者出现，大家都很不满意，也因而故意起哄让大弟弟表态。这样一来，大弟弟就无法继续话题终结者的身份，想起了大姐曾经的各种辛苦的付出，他慷慨地表示要报答大姐。

有的人当话题终结者是无意识的，有的人却是有意识的。不管交谈者是故意终止谈话，还是无意识地终止谈话，我们都要学会兵来将挡，水来土掩，这样才能成功与话题终结者继续交谈，也才能让交谈的气氛再次活跃起来。

多说愉快的话题，对人际沟通起到了关键作用

曾经有心理学家研究证实，当我们与陌生人交谈时，在最开始的时候聊的都是一些无关紧要的事情，诸如很多不咸不淡的寒暄和客套话、自我介绍，或者是礼节性的问候。等到这几分钟没有实际意义的交谈过后，我们才开始寻找最合适的话题与对方交谈。然而，这个时候如何继续寒暄或者搭讪时的愉快氛围是至关重要的。很多人与陌生人交往，也许前面的寒暄进展顺利，但是到了后期谈话的时候，反而会因为一时之间找不

到合适的话题，导致彼此陷入冷场之中，相对无言。这种尴尬的局面，往往是很多人都无法面对和适应的。

不可否认，愉快的话题对于人们的交谈起到了关键性的作用。一场交谈是否能够愉快进行，主要在于找到轻松的、让彼此都乐意交谈的话题。合适的交谈话题往往能让交谈双方都觉得非常愉快，也能够为更进一步的交流做好铺垫。与此相反，倘若在聊天一开始就选错了话题，那么即便交谈双方口才再好，也只会导致话不投机。古人云，“话不投机半句多”。意思就是说当交谈双方彼此不能相互认可时，每一句话都很难起到预期的效果，也无法使人对交谈饶有兴趣。

现实生活中，我们常常觉得与某个人聊天相见恨晚、相谈甚欢，时间就这样在彼此的欢愉和不知不觉中溜走了，使人无比期待下一次再相聚。但是与有些人的交谈则恰恰相反，话语就像是长出了倒刺一样，使人如鲠在喉，哪怕非常努力，也无法让交谈取得圆满的结果。不可否认，除了交谈能力的差距之外，最主要的原因就是能否选择一个好话题。所谓好话题，其实并没有一定之规，只要是交谈双方都喜欢交谈的内容，或者至少是对交谈双方不产生伤害的话题。因而，与选择交谈对象相比，选择合适的话题更加重要。这就像是在走路的时候，只有确定方向，每走一步才能带领我们朝着目标更进一步。如果方向错了，我们跑得越快，只会距离目标越远。所以选对话题，是拥有和谐、愉快交谈的第一步。

尤其是在与初次见面的陌生人交谈时，我们更应该选对话题。因为熟悉我们的人对我们更了解，哪怕我们说错了话，或者选错了话题，他们也能理解和宽容我们。但是陌生人则不然，他们与我们初次见面，正想借此机会更加深入地了解我们。陌生人对于我们的印象就像是一张白纸，我们给他们留下什么印象，他们就会按照留下的印象去了解我们。因而我们尤其要注意，与陌生人交谈时必须选对话题，从而给陌生人留下好印象。

30岁大龄的竹叶如今正在接受家人安排的相亲，几乎每隔几个周末，她都要经历一次相亲约会。遗憾的是，虽然相亲的次数不少，但是她迄今为止仍没有找到合适的男朋友。

这个周末，竹叶又来到一家西餐厅相亲。对方是一名大学老师，已经36岁了，迄今为止仍是单身。仅仅通过这样的简洁信息，竹叶就对对方有点儿感兴趣了，不是有很多女学生爱上老师的吗？这个优秀的男人怎么变成剩男了呢？

见面之后，竹叶发现对方果然文质彬彬，而且看起来温文尔雅，很有学者的气质和风度。显而易见，对方比自己更紧张，意识到这一点后竹叶突然玩心大发，想要逗逗对方。在经过几句寒暄之后，竹叶单刀直入地问对方："有很多女学生都暗恋自己的老师，你被暗恋过吗？"对方听后脸都红了，马上保证自己绝没有过师生恋。这时，竹叶掉转话题问对方："那么你觉得男女相爱，年龄是界限吗？诸如翁帆和杨振宁的婚姻，你怎么看？"提到这个话题，作为语文老师的男人开始滔

滔不绝、侃侃而谈。从他的谈话中，竹叶意识到他原来是个爱情至上主义者，根本不愿意委曲求全接受不合适的人。看到对方对爱情的态度如此审慎认真，竹叶不由得松了口气，因为她也是个爱情至上主义者。随后的时间里，竹叶和对方进行了很愉快的交谈，甚至天色都晚了，他们还意犹未尽、谈兴正浓，不想就这样分开呢！

显而易见，竹叶找到了一个合适的话题与对方交流，也许这样和谐融洽的交流能让她和对方一见如故，再见倾心吧。爱情，就是要在对的时间遇到对的人。如果能够在相亲的时候与相亲对象相谈甚欢，那么未来的交往也定会非常融洽友好。

初次与陌生人交谈时，我们一定要选择轻松的话题，尽量给对方带来愉悦的感受。很多人喜欢伪装深沉，哪怕与他人初次见面，也对他人谈起自己对关于生命和宇宙的思考，毋庸置疑这样的话题非常沉重，并非适合和每个人谈起，也未必能够与每个人产生共鸣。在面对陌生人时，我们应该选择大众都喜闻乐见的话题，这样才能营造良好的交谈氛围，从而让我们与对方的交流能更加顺利地展开并深入下去。

提提身边的小事，让沟通顺其自然地展开

小姜是一家广告公司的销售业务员，她的主要工作是奔走

于各公司之间，推销他们公司的广告创作方案。

一天，公司派小姜到一家房地产公司竞标。和其他广告公司的业务员一样，小姜也被安排在会议室，等待公司董事长亲自来审核方案。后来，秘书出来告诉大家，让大家把方案留一份，董事长审核以后，再通知大家。小姜知道，这是公司的推脱之词，说不定方案已经定下来了呢。

就在小姜绝望的时候，忽然，她发现董事长一行人正要坐电梯到地下停车场去。于是，小姜以迅雷不及掩耳之势挤进了电梯。在电梯间里，小姜对董事长说道："您好，董事长，我是某某广告公司的小姜……"话还没有说完，就被秘书打断"对不起，董事长很忙，有什么事情去公司吧。"

小姜觉得自己必须力挽狂澜，她来之前听人说过董事长喜欢交响乐。于是，结结巴巴说道："董事长，我……我……我想，我想请您听一场明天晚上的音乐会——维也纳交响乐团，贝多芬、巴赫……"

董事长笑了："交响乐？贝多芬？"

"是的，明天晚上。然后我们可以一起吃点儿东西。"

董事长笑着说道："那你介意现在和我们一起去吃个饭吗，我们一起聊聊交响乐……"

后来，小姜公司的方案被这家房地产公司所采纳。

有时候，我们谈论一个话题不必直奔主题，可以先从身边的小事情着手，从对方感兴趣的话题谈起，再慢慢地深入主

题，最终解决问题。有些人喜欢直来直去，直奔主题，而不知道变通，这样有时候反而会产生适得其反的效果，不能解决问题，最终还会将事情搞砸。也许有时候一个笑话，一句自嘲的话，甚至是一个鬼脸，都会使别人对你顿生好感。

那么朋友们，我们怎样才能做到适时地从身边寻找话题来与别人谈话呢？

1. 多去了解对方，谈对方感兴趣的话题

如果是我们有求于对方，那么在行动前我们一定要多多了解对方的喜好、性格等；如果是别人第一次介绍认识的朋友，我们也要通过介绍人的介绍尽量地了解这个人的性格，以此来增进感情。当有求于别人时，我们不可以直奔主题，开门见山固然好，但在这种时候，会显得有点儿鲁莽和唐突。也会有人在交谈之中，大谈当下最牛的股市让自己挣了多少钱，但是，你也许会发现对方的脸色正“由晴变阴”。原来，在股市最牛的时候，也许他赔了很多钱。所以了解对方以后，我们还要谈对方感兴趣或是比较感兴趣的话题，不要贸然地去谈论只有自己感兴趣的话题。

2. 扩大范围，深入主题

善于说话的人思维是跳跃式的，我们会发现他们会从身边的话题谈起，很快地从一个话题切换到另一个话题，并且还能呈现出连贯性。例如，一个人与第一次见面的人由工作谈到家庭，最后谈到自己的个人爱好以及很多事情，并且能在第一

次见面时就和对方成为好朋友；而不善于谈话的人，由工作开头，说来说去还是工作，不知道该怎样过渡到下一个话题，肯定聊一会儿就觉得无话可说。所以和陌生人交谈时，要从身边的话题谈起，自然过渡和切题，最终目的是要加深感情，解决问题。

3. 适当地掌握时机

我们和第一次见面的朋友不管是以什么样的话题起头，最终的目的都是拉近彼此之间的距离，增进感情，解决问题。那么，我们应该把握时机，见缝插针地提出自己的问题，或是话题。例如，故事中的小姜，她只是来房地产公司推销她的方案，也许成功也许不成功。但是小姜就是在不成功的情况之下，找到了这样一个成功的机会。按照正常的思维，也许我们会去董事长办公室，但是那样的话你也许根本就进不了办公室就会被打发走，而小姜则是利用在电梯里的短短一两分钟就抓住了对方的心理。所以抓住时机来和别人交谈，对于我们和陌生人的交流也是十分重要的。

引入他人言论，引导对方谈谈自己的见解

很多人在与陌生人交流的时候，总是不知道该说些什么话题。前文我们列举了一些基础话题，实际上如果实在无话可

说，也可以从第三者的言论发表见解，由此引发讨论。常言道，“谁人背后无人说，谁人背后不说人”。虽然背后议论别人是不好的事情，但是我们可以以第三者的言论作为切入点，从扯闲篇开始与他人交谈，各抒己见。

毫无疑问，第三者说了什么对于我们其实无关紧要，我们最重要的是以第三者的话作为切入点，而不是与第三者所说的话较真或者是深入挖掘其含义。每个人在背后都难免会议论他人，尤其是当第三者说的话与我们不相干的情况下，我们也就更加能够放松交谈、各抒己见了。退一步而言，就算第三者说的话真的和我们有关系，只要我们能够做到自我解嘲，或者自我调侃，也能够成功化解尴尬，从而使我们与陌生人之间展开轻松愉悦的交谈。现实生活中，很多人都特别在乎他人对自己的评价。每个人都很忌讳他人在背后说自己不好，甚至还会因此变得神情沮丧、灰心绝望。与此恰恰相反，假如我们能够从谈话对象的口中听到第三者对我们的赞美，那么我们一定会沾沾自喜，甚至喜不自胜。当然，我们也可以是那个复述他人的赞美给人听的人，所谓“赠人玫瑰，手有余香”，虽然赞美他人的并不是我们，但是我们却是赞美的使者，因而他人也会对我们心怀感激。

大学毕业后，豆豆留在大学校园里当了一名教学辅导员，当然，那些资历很深的大学教授们都对豆豆不以为然。毕竟豆豆刚刚从大学毕业，而且还没有走出校园，她只不过是转换了

角色，其实每天的生活还和之前差不多。

很多老师都觉得豆豆还是个黄毛丫头，因而对豆豆总是低看一眼。豆豆呢，突然和以前的老师坐在一起办公，也有很多地方不适应。为此，她决定先发制人，先站稳脚跟，再慢慢谋求发展。一天中午，豆豆故意在与办公室主任张老师要好的乔老师面前说：“乔老师，整个办公室我最佩服的人就是张主任。看看，学生有那么多的问题，他都能一一解决，而且还能让学生对他竖起大拇指。近来我当了辅导员，才知道学生工作是多么难做，尤其是现在的大学生太有主见，很难降服。尤其是张主任说，‘我必须要经过十年的历练，才能真正做好学生工作’。对了乔老师，您以前也当过辅导员，有什么真经可以传授给我吗？万分感谢啊！”突然听到豆豆的话，乔老师笑着说：“哈哈，学生工作的确难做，但是未必需要十年。曾经张主任也这么说过我，只可惜我只当了几年的辅导员就考研，毕业后留校任教了。”豆豆马上表现出对乔老师的崇拜说：“乔老师，您太厉害了，我要向您学习。要是我也能像您一样就好了。”就这样，豆豆和乔老师相谈甚欢。后来，乔老师无意间和张主任说起豆豆对他的仰慕之情，张主任对豆豆也有了好印象，还时常特意关照豆豆呢！

豆豆可谓一箭双雕，她在同样当过辅导员的乔老师面前说起张主任说的话，引起了乔老师的共鸣，所以和乔老师相谈甚欢。她又当着乔老师的面说张主任好，这样当张主任得知豆豆

在背后赞美他后，自然也对豆豆心生好感。

每一位学生一旦从大学校园里毕业，走上社会，就会发现人生突然变得不同了。人与人之间的关系非常复杂，有的时候一句漫不经心的话，就有可能使人心中产生微妙的改变。所以作为职场人士一定要谨言慎行，也要尽量与他人搞好关系。如果一时之间找不到合适的话题可以交谈，以第三者的言论作为切入点，也是个不错的选择。

第 07 章

善于营造好气氛，融洽的氛围有助于人们敞开心扉

学会微笑示人，微笑是一个人最好的名片

有人说戴安娜是微笑的专家，她用微笑征服了全世界。现在我想我们应该清楚为什么她会受到全世界男女老少的喜爱了，为什么有那么多不认识的人给她献花。这么多年过去了，这个既不是政治家，又不是企业家，当然也不是艺术家的女人却被那么多的人缅怀着。如果你再仔细地观察戴安娜的照片，你会发现她的每一张照片都是在微笑：牙齿露出，嘴角成一道弧线。她的眼睛里充满了笑意，充满了善意，如果说微笑是全世界共同的语言，那么这句话在她这里便得到了进一步的验证。不需要任何人的翻译，不需要开口，所有的人都懂得她在说什么。

朋友们，其实微笑不仅仅是一个人最好的名片，而且也可以在某种程度上减少我们内心的紧张感。尤其是在当众说话的时候，如果你实在不知道说什么，那么一个微笑，也能够很好地让人们感受到你内心的阳光与温暖。

紧张感能引起思维混乱，甚至大脑短路，一个人之所以会紧张是因为尚未掌握正确的调节心理的方法，这时你越是想镇静下来就越是紧张。其实你越是想控制紧张，它就越是会变成一种妖魔，反而会更加厉害。而应付紧张感最好的办法就是微

笑，放松你的下巴，抬起你的脸颊，张开你的嘴唇，向上翘起你的嘴角，用轻松的节奏对自己说“我很好”，这样给人的感觉就会很好，好像你真的放松了下来。就这样，你内心的紧张感慢慢消失了，随之涌上来的是满足、轻松的心理状态。在如此健康的状态下，你的当众说话自然而然地会发挥出应有的水平。

安安是一位爱笑的女孩子，难堪时微笑，紧张时也微笑，高兴时微笑，难过时也微笑。但就是这样一位喜欢微笑的女孩子，却天生胆子小，说话时声音像蚊子一样小，不了解她的人还以为是害羞，其实她就是这样。

大学毕业的论文答辩会上，安安不幸被抽中了，这将意味着她需要在几百人的大厅里当众说话。安安还是第一次遇到这样的场合，这该如何是好呢？安安害怕得快要哭起来了，论文指导老师知道了这事，安慰安安说：“你知道你给人最大的印象是什么吗？”安安不解地摇摇头，老师说：“你最大的特点就是微笑，而这正好是缓解你紧张感的秘诀，当你觉得很紧张、很害怕的时候，不妨微笑，不仅对着听众微笑，还需要对着自己微笑，告诉自己‘放松点’，这样你就真的会放松下来。”

安安若有所悟地点点头。

在论文答辩会上，每当不知道该怎么说的时候，每当紧张的时候，安安始终保持脸上的微笑。正是因为她的微笑，台下的老师和同学都善意地看着她，不哄笑，也不唏嘘，只是等着

她继续说下去。最后，安安成功地完成了答辩。

因为微笑，安安不再紧张；因为微笑，她征服了所有的听众。雨果说："微笑是阳光，它能消除人们脸上的冬色。"对听众说话，微笑不仅能够缓解内心的紧张感，而且还会化解观众内心对你的不解和抵触。微笑对观众的征服是自然而然的，既然它能兵不血刃地征服对手，更不用说征服你的听众了。

当你面对镜子练习微笑的时候，你差不多可以看到自己微笑的整体形象，而且会记住原来微笑是这样子的。在平时生活中，如果你再次微笑，那你脑海中就会浮现微笑的样子，这样会增强你对于微笑的记忆。

每天应该多对着镜子练习微笑，这是因为微笑是一种肌肉记忆训练。通常情况下，那些在生活中不喜欢笑的人，并非他内心悲伤或抑郁，而是他养成了一种不微笑的习惯，他脸部的肌肉已经僵硬了。如果我们平时练习微笑的次数比较少，就很难养成微笑的习惯。反之，如果你天天对着镜子练习微笑，时间长了，不知不觉微笑就能长期保留在你的脸上了。

以平常心说话，反而能减轻心理负担

生活中，我们登台进行讲话，多半是希望我们的言论能被听众接受和认可，而恰恰是带着目的讲话导致了我们的紧张。

在开口之前，我们就会幻想失败时的沮丧、说错时的尴尬，也有一些人，他们对自己的要求太高，决不允许自己出错，正是因为这样的心态，导致了我们愈发紧张的心理。其实，如果我们看淡演讲，允许自己丢脸和失败，是能减轻心理负担的。

那些演讲大师从来都不会否认自己演讲时会产生紧张感，他们也建议那些初次登台的演讲者们允许自己紧张，这样，你反倒会放松很多。

东东出生于一个普通的工薪家庭，在家里排行第三，上面还有两个姐姐，东东的父母一直勤勤恳恳、待人宽厚，正是因为这一点，父母希望东东的性格能够活跃点，也希望东东能在生活和学习中多与人沟通和交流。

东东学习成绩一直很优异，一次，老师为东东报名了参加市里的演讲大赛。

演讲比赛一个月以后进行，东东为这事很着急，但他告诉自己，一定不能紧张，如果紧张，就搞砸了，但越是这样想，离演讲比赛越近，他越是紧张，在不知如何是好时，东东鼓起勇气来求教自己的语文老师。

“我觉得可能是你对自己要求太严格，其实，面对几千个人演讲，即便是我们这样经常站讲台的老师，也都会紧张，更何况是你呢？紧张没什么，不要害怕，如果你能允许自己紧张，也许能更自然。”

老师的话似乎很有道理，东东全部都听进去了。按照老师

的指点，东东发现自己的心似乎平静了不少。最后，东东以出色的表现完成了自己的演讲题目。

从东东遇到的情况，我们不难看出，在演讲这一问题上，东东之所以感到紧张，是因为他不断给自己加压，不允许自己紧张，这是一种苛求自己的态度。但事实上，你可以掌握自己努力的程度，却把握不了最终成绩。无形之中，他给自己制造了遭受挫折的条件。

可能你也遇到过这样的情况，当你登台前，周围的人会劝慰你“别紧张！”“有什么大不了的！”而你自己也通常会这样告诫自己：“别紧张！”“有什么了不起的！”然而你会发现，这种方法几乎不会奏效，反倒会让我们感到更加不安。因为越是提醒自己不要紧张，越是在和自己过不去，也就会制造更大的紧张。正如有句话所说的“情绪如潮，越堵越高”。

因此，任何一个演讲者，要减少紧张感，就要做到接受紧张而不是控制紧张。因为正如故事中的这位语文老师所说的，即便是经常登台的演讲大师也会紧张。紧张是正常的状态，要正确对待它。

然而，在现实的演讲过程中，不少人认为紧张有碍于自己的发挥，认为紧张是不正常的，为了不让人看出自己紧张，就拼命掩饰，刻意控制，故作镇定，结果不仅控制不住紧张，反而因为掩饰紧张加重了心理负担，变得更加紧张了。

具体来说，你可以做以下几点心理调整：

1. 不要把目标定得太高

强烈的求胜动机必定会导致沉重的心理负担，结果便会引发焦虑情绪的产生，演讲结果也只能是事与愿违。

实际上，演讲的意义有时候并没有我们想象的那么大，只是在听众面前展示自己的观点而已，如果你把演讲的意义夸大，甚至把演讲与个人终身的成就、事业和幸福等紧紧联系在一起，演讲还未来临，就已经是惶惶不可终日了。

2. 允许丢脸

在中国人的传统观念里，面子是最重要的。当众说话是一件有面子但却也是可能丢面子的事。害怕丢脸，也会给自己带来心理压力。如果你能放下面子，敢于“不要脸”，那便能进入心态自由和无我的状态，也就没什么可担忧的了。

3. 允许犯错

即使是学校里经常上讲台的老师，或者是职业的演讲家，也都会出错，更何况那些初次登台的人。

因此，你要告诉自己，话讲不好是正常的。讲话中遇到讲错话，不要觉得沮丧。因为我们每个人都要允许自己有一个成长的过程，当众讲话也是如此，你要允许自己在缺少经验和技能生疏的情况下讲不好，允许自己犯错误，这是再正常不过的事情了。

4. 允许失败

这又是非常重要的一点。“一定要成功，绝不能失败”，我

们经常听到这句振奋人心的话。但大家想一想，这句话现实吗？

世界上没有绝对的成功和失败。对自己要求过于严格，只会给自己施加压力、影响表现，你要告诉自己，即使失败了也没什么，只是说话而已。以平常心面对成败，也就能以平常心说话了。

总之对于讲话，我们一定要学会降低对自己的要求，真正放下自我，才能释放压力，讲话时才能做到轻松自如。

善于营造氛围，助你和陌生人拉近距离

“一见如故”，简直是和陌生人交往时的理想境界。的确，很多人之所以害怕与陌生人交往，就是因为他们不知道如何面对陌生人，也不知道如何和陌生人交流。但是如果和陌生人能一见如故，尴尬和难堪也就不复存在了。毕竟两个人初次见面就能侃侃而谈，总是让人轻松和愉快的。试想，假如一个人有独特的交际能力，无论面对哪种陌生人都能与对方一见如故、侃侃而谈，那么与陌生人交往的障碍也就不复存在了，同时他也会拥有更多的朋友。

如何才能与初次见面的陌生人一见如故呢？这当然是需要技巧的。毕竟与陌生人之间存在距离感，要想拉近彼此的距离并非易事。

首先，我们可以找到与陌生人之间的共同点，拉近自己与陌生人之间的距离。诸如在很多大城市都流传着一句话，“老乡见老乡，两眼泪汪汪”，那么当我们与陌生人见面时，完全可以以老乡的关系与对方套近乎。曾经有个女性朋友遇到了一位河南人，她自己是江苏人，但是却在第一时间成功地与那个河南人拉上了关系。她对对方说：“哎呀！咱们可是半个老乡啊！我老公是河南南阳的。你是河南哪里的呢？”对方听到她的话，马上也激动起来，说：“我家也是南阳的啊！我家就在南阳市，你老公家是南阳哪里的？”“我老公是南阳镇平县的，我们还去南阳市玩过呢。我老公的大伯就在南阳市工作。”就这样，一来二去，这位女性朋友和对方自然变得熟稔起来。

其次，我们还可以借助于感谢陌生人，从而与陌生人套近乎。前文说过，我们要主动帮助陌生人，那么当我们从帮助他人的人，变成被陌生人帮助的人，我们当然也就更有理由与对方交谈了。我们必须感谢对方，而且我们的感谢要真诚及时。虽然说人做好事都不图回报，但是当对方得到我们真诚热情的感谢时，他也一定会心花怒放。感谢对方，不但显得我们知恩图报、知书达理，也在无形中帮助我们加深了与对方的友情和交情。

最后，搭讪的方式是多种多样的。我们可以从对方的长相说起。尤其是讲对方长得很像我们的某个亲人或者朋友时，对

方心里难免会觉得与我们亲近起来。当然，我们还可以借机赞扬对方，人们都称赞美是人际关系的润滑剂，只要我们的赞美恰到好处，我们自然能够赢得对方的心。

在和陌生人初次交流时，我们一定要学会营造“一见如故”的气氛，这不仅能使我们拉近与他人的距离，还能使我们与他人的交流更加和谐顺畅。如果一切顺利，说不定对方还会向我们主动敞开心扉，与我们相谈甚欢呢！

从一个话题开始，调动交谈的气氛

交谈是需要氛围的，假如我们与他人交谈的时候总是瞻前顾后，而且总是出现冷场的情况，那么毋庸置疑，我们与他人的交谈也就无法顺利地进行下去。现实生活中，我们要想更好地与陌生人交谈，必须调动现场热烈的气氛，从而让我们与陌生人的交谈更加顺遂如意。

那么，怎样才能调动现场的气氛呢？首先，我们要真诚友善、充满热情。其次，我们要主动与对方搭讪，让对方感受到我们对于交谈的积极性。最后，我们还要找到合适的话题，最好是找到能让对方感兴趣的话题，这样对方才能也对交谈兴致浓郁。

很多从事销售工作的人都知道，想要给客户留下好印象，就必须在与客户交谈时调节好气氛，让我们与客户的交谈更加

和谐融洽。有些销售人员与客户谈话总是单刀直入，直奔主题，这无疑是很不好的。归根结底，我们必须在奔向主题前和客户打好招呼，打开客户的心扉，这样才能让客户倾心与我们交谈。此外，我们还要使气氛变得活跃，这样才能打破僵局，也才能使交谈更加朝着我们预期的方向发展。

很多人都误以为正式的谈判都应是一本正经的。殊不知，谈话必须先调整好氛围，才能更好地进行下去。如果是非正式的商务谈判，我们完全可以从很多小的事情着手，与他人进行良好的互动，从而使得气氛变得轻松自如，交谈自然会水到渠成。此外，我们还可以与陌生人说起我们的糗事，甚至暴露我们的缺点和小小不足，这样他们自然会对我们的情况有更加深入的了解，也会对我们敞开心扉。

有段时间，马姐发现办公室里新来的小李总是一个人呆呆地坐在工位上，不知道做什么才好。对此，马姐很着急，因为她是办公室主任，希望办公室里的每个人都能开开心心地工作，从而实现更高的工作效益。

一天下班后，马姐也磨磨蹭蹭地没有及时下班。同在办公室里的还有小李。小李看到马姐还没回家，因而问：“马姐，你怎么还没下班？”马姐故作烦恼地说：“别提了，我可不愿意回家。我家老公三天两头出差，孩子也在他爷爷奶奶家，我自己回去无聊死了。这些男人真是过分，一旦出差连家都不想回了，为此我不知道和他吵过多少次！”看到马姐自曝家丑，

小李也有些难过地说："其实，我最近也在和老公吵架。他的工作总是需要驻外，我想让他换份工作，他却不肯。但是你看看我都三十多岁了，到现在连孩子都不敢生，他不在家，我一个人怎么带孩子呢？！"说完，小李的眼圈都红了。就这样，她和马姐打开了话匣子，她们异口同声地控诉各自的老公，渐渐地关系越来越亲近。后来，马姐和小李成为了很好的朋友。

马姐之所以能够打开小李的心扉，就是因为她先自曝家丑。所以，小李在感受到马姐的真诚和坦率之后，也主动敞开心扉向马姐诉苦。这样一来，两个彼此知道秘密的人自然能成为好朋友，彼此真诚相待，关系也越走越近。

总而言之，要想让交谈现场的气氛持续升温，最重要的就是要拉近与对方心与心的距离，这样才能彼此信任，彼此亲近，我们与他人之间的交谈才会变得更加和谐融洽。很多人在交谈的过程中，也会巧妙地找到自己与他人的共同点，从而拉近自己与他人之间的距离。不管用哪种方法，只要能够达到目的，就是好方法。

我们要知道，人总是不愿意听他人一直自我炫耀或者夸夸其谈的，反而会在他人谈到自己不如意或者不光彩的事情时，对对方产生亲近感。因而我们如果能够适当地向他人暴露自身的小弱点，也比较能够与他人拉近距离、友好相处。总之，我们必须营造良好的交谈氛围，才能与他人之间更加和谐友好，也才能与他人形成良好的互动。

营造良好的交谈氛围，让彼此都敞开心扉地说话

人与人的交谈并非是随随便便就可以进行的，尤其是知心好友之间的谈心更是如此。很多朋友都会有这样的发现，即哪怕是和亲近的知心好友，或者是与亲密无间的爱人之间，也并非随时随地都能说出掏心掏肺的话。反而是在特殊的场合，或者是大家都敞开心扉，或者是三五好友在一起小酌时，大家才能受到热烈的交谈氛围的影响，更加愿意倾诉自己的苦衷。从这个角度而言，唯有融洽的交谈氛围，才有助于大家敞开心扉尽情畅谈，而要想让每个人都积极投身于交谈之中，就必须营造良好的交谈氛围。其实，除了交谈讲究氛围之外，很多事情都需要有合适的氛围。例如，孩子们学习需要氛围，读书需要氛围等。在一个家庭之中，如果父母总是要求孩子要认真读书、少看电视，但是自己却总是捧着手机，对着电脑，那么可想而知，孩子们也是不可能专心读书的，甚至还会有孩子以其父母为榜样，从而排斥和抗拒读书。

现代职场中很多上司都喜欢给下属开会，而且他们的官本位观念很严重，总是对下属一本正经，绝不愿意轻易放松表情。试想，职场中的上司对下属，并非是老师对学生的关系，连老师都不会这么严肃地对待学生，更何况是领导呢？有的时候，如果上司过于拒人于千里之外，那么非但无法得到下属的认可和爱戴，反而会使下属对他们心生畏惧，产生隔阂。尤其

需要注意的是，上司千万不要在开会时板着脸，对待下属不苟言笑，更不要把好端端的会议变成一言堂，不然下属们一定会关闭心门，从此之后再也不愿意和上司和平相处。现代很多公司只有下属们集思广益，才能征集到更多的创意。在这种情况下，上司更要给下属营造平等民主的气氛，从而让下属能畅所欲言，共同为公司的发展壮大贡献力量。当然，要想达到这样良好的交谈效果，上司作为会议的主持人就必须用心营造良好的交谈氛围。

作为一家公告公司的策划总监，陆玲每次开创意座谈会之前，都会先和同事们说些无关紧要的小笑话，或者和同事们谈论时下的热点话题，甚至是娱乐新闻，从而帮助同事们放松心情，激发创意。陆玲很清楚，他们是广告公司的策划部门，根本不需要和同事之间的关系中规中矩，等级森严，而是要民主平等，这样同事们才会更加放松，也才能集思广益，说不定就能迸发出绝佳的金点子。

有的时候，陆玲还会自掏腰包，给开会的部门同事准备很多小零食，诸如雪碧、可乐、薯片和巧克力，以及各种干果等。这样，同事们可以边吃边聊。最夸张的一次，陆玲选在下午三点以后开创意座谈会，居然还买了鸭脖、冰镇啤酒等，从而活生生地把一次座谈会开成了茶话会。不过会议的效果非常好，简直出乎陆玲的意料，那次会议上有很多新奇有趣的创意出炉。当然，后来因为其他部门的同事有意见，

他们没能再召开类似的茶话创意会，但是陆玲却把开会的地点转移到KTV包间，或者是酒吧的包间。这样大家依然可以边吃边聊，处理完工作后还可以多喝点儿酒水，沟通感情呢。

不得不说，陆玲工作的方式虽然很独特，但是却取得了良好的效果，由此可见陆玲是一个深谙领导艺术，也是能够把会议开得独具特色、别开生面的人。对于任何事情而言，虽然过程很重要，但是结果更重要。尤其是在广告创意公司，这样不拘一格的开会方式，恰恰能帮助陆玲很好地完成工作，更加深了与同事之间的了解。毫无疑问，对以创意为生存力和竞争力的团队而言，良好的交谈气氛是必不可少的。陆玲正是因为意识到了这一点，才把营造谈话氛围作为自己的首要任务去完成，也的确在工作上取得了非常好的效果。

很多时候，在与他人交谈时，最重要的不是让人对我们望而生畏，只是一声不吭地听我们讲，而是要激发出他人的兴趣，让他人也谈兴浓郁，这样我们才能与他人成功地深入交谈。当然，也许有朋友会说，我们与朋友之间当然可以相谈甚欢，但是在与陌生人交流时，我们很难营造出良好的交谈氛围啊！其实不然，不管是与朋友相处，还是与陌生人相处，我们只要选择恰当的话题，总是能够赢得他人尊重和认可的。尤其是当我们足够真诚和坦率，而且能说些他人感兴趣的话题时，

交谈自然会更加顺畅。总而言之，当话题变得轻松，当我们的心足够真诚和友善，他人一定会感受到我们的善意，从而回馈给我们同样的友善和热情。

第 08 章

善用幽默，幽默是世间最高明的语言艺术

灵活运用幽默，获得良好的人际关系

现实生活中，每个人都想成为处处受欢迎的人，而不愿意自己被他人所排斥和抗拒。的确，一个总是招人讨厌的人，很难拥有好人缘，且不说他的人际关系将会变得很恶劣，而且也会因此导致人生处处受限。毋庸置疑，良好的人际关系对于每个人而言都是非常重要的，如果缺少这些成功的必要条件，人们在社会生活中将举步维艰。因而，真正的聪明人都会不遗余力地发展幽默的技能，让自己能够灵活运用幽默，以获得良好的人际关系。

熟悉的人因为对彼此的了解比较深刻，因而不容易产生误解，也不会轻易地给人留下恶劣的印象。但是对于不熟悉的人，尤其是我们面对陌生人时，幽默显得至关重要。众所周知，面对陌生人，大多数人都会比较紧张，也无法做到坦然自若，倘若这时候其中的任何一方能够灵活展现幽默的魅力，则能够在最短的时间内拉近彼此之间的距离，也可以使现场的气氛变得轻松活跃，交谈自然也就顺畅起来。从古至今，有很多成功人士都深谙幽默的道理，诸如周恩来总理，我们的国家还不够强大的时候，常常遭遇西方国家的嘲笑和挖苦。每当这时，敬爱的周总理总是充分运用幽默的能力，从容应对西方国

家中那些对中国不怀好意的人说出来的难听话。他不但应对自如，而且很善于运用幽默的方式进行反击，往往使对方哑巴吃黄连，有苦说不出。又如，在西方国家中，人们更加重视幽默。哪怕是年轻人寻找人生伴侣，也会将幽默作为非常重要的择偶标准之一。似乎一旦缺少了幽默，整个人生都会因此而变得黯淡无光。由此可见，幽默具有神奇的力量。

作为法国著名的剧作家，贝尔拉非常幽默。有一次，他去一家高档餐厅就餐，当侍者把汤送来后，他说："我无法喝这种汤。"这家餐厅服务非常好，真正把顾客当成上帝，尽量满足顾客的一切需求。为此，侍者表示歉意之后，马上把汤端走，并且送来了菜单，让贝尔拉重新选择一款自己喜欢的汤。然而，当侍者再次把汤送来时，贝尔拉依然说："我无法喝这种汤。"侍者面对这个难缠的客人，感到非常为难，无奈之下，他只好找来餐厅经理。经理礼貌地问贝尔拉："您好，先生，请问您对刚才的汤有什么不满意的地方吗？在我们的餐厅里，顾客们都很喜欢这两款汤。"这时，贝尔拉说："当然，我也很喜欢这两款汤，但是，我没有汤勺，如何喝它们呢！"听了贝尔拉的回答，经理忍俊不禁。

贝尔拉是一个很幽默的人，尽管他几次三番故意"刁难"侍者，也让餐厅经理不明所以，不过他并不是出于恶意，而且最终把大家逗得忍俊不禁。他的幽默给人带来愉快的感受，瞬间拉近了与他人之间的距离。

当然，一个愚蠢的人是很难真正发挥幽默的魅力的，任何时候，我们都要区分幽默与低俗玩笑之间的区别。真正的幽默未必需要夸夸其谈、口若悬河，也不需要故意逢迎他人，而是画龙点睛，虽然说话言简意赅，却也同样能够达到出人预料的幽默效果。

很多人以为幽默仅限于语言这一表现形式，其实幽默更是思维的表现，一个人只有具备灵活的思维，才能够做到及时应变，并以好的口才作为表现的绝佳形式，这样才能真正拥有幽默的能力。因而，在日常生活中，为了培养我们的幽默能力，提升我们的幽默技能，首先要学会发散思维。通常情况下，人们的思维总是受到经验等的局限，无法成功地跳跃、创新。

唯有养成创新思维、发散思维的好习惯，我们才能突破常规的局限，彻底打开自己的思路，让自己变得更富有创意。当然，我们也要提升自己的内心，让自己变得真正强大起来。当我们内心淡定平和，精神上非常强大，再加上语言的魅力，自然能够成为处处受人欢迎的幽默使者。

将比喻修辞运用到幽默交谈中

比喻是文学创作中常用的一种修辞手法，它能将抽象的事物变得形象生动，给人留下深刻的印象；同时还能将深奥的道

理用通俗易懂的语言加以说明，令人更加容易接受。其实，在口语交际中，善用比喻也可以达到这样的效果。

关于比喻的妙用，战国时代惠施曾经说过：“（比喻）以其所知，喻其之不所知，而使人知之。”在日常的发言和交谈中，恰当地运用比喻往往可以收到意想不到的效果。在说服他人时，比喻比罗列一大堆枯燥乏味的证据更加令人信服，并能使人豁然开朗，无须多言，深意自明。

比喻是一种高超的说话技巧，它不仅可以化枯燥乏味为生动有趣，化深奥难懂为浅显易明，化抽象概括为具体形象，化冗长繁复为简洁扼要，还可以显示说话者的机智幽默，委婉得体，举重若轻。在日常交往中，我们或许会遇到一些令人尴尬的话题，这时与其直接回答，不如巧妙地运用比喻来回答，既不回避，又保全了自己的面子。例如，在纽约国际笔会第48届年会上，中国著名作家陆文夫被问及对于性文学的看法，依照中国人含蓄内敛的性格，直接回答这个问题似乎有些难堪，于是陆文夫巧妙地用了一个比喻作答：“西方朋友接受一盒礼品时，往往当着别人的面就打开来看，而中国人恰恰相反，一般都要等客人离开后才打开盒子。”大家听到这个形象有趣的比喻都发出了会心的笑声，接着响起了一阵热烈的掌声。陆文夫用比喻将一个敏感的难题解答得简练而又圆满，由此可见比喻的妙用。

田甜的婆婆从乡下来了，一开始，大城市出身的田甜对这

个穿着土气、满嘴方言的乡下老太婆不以为然，甚至还有一点儿看不起，但是时间长了，婆婆充满乡土气息、妙趣横生的比喻令田甜不由得刮目相看。

听说公公婆婆的婚姻完全是媒妁之言，婚前两人连面都没见过，于是田甜好奇地问："既然婚前没有感情，妈你跟爸现在的感情怎么那么好呢？"婆婆说："我们就好比一壶冷水，放在炉子上，时间越久，温度就越高，到最后自然就沸腾了呗！"田甜被婆婆生动的比喻逗笑了。

田甜带婆婆出去逛街，买了一大堆东西，回到家，田甜问婆婆："逛街的感觉好吗？"婆婆笑着回答："逛街让我体会到了变身的感觉。"田甜好奇地问："为什么？""出门是兔子（跑得快），付钱时是鹅（抬头挺胸），回家是骆驼（背了一大堆）。"田甜听了不禁哈哈一笑。田甜觉得自己的老公什么都好，就是只知埋头搞科研，不太善于同人交际。有一次，田甜又因此在数落老公，婆婆笑眯眯地说："闺女，你喜欢夏天的蚊子和青蛙不？""当然不。"田甜说。"那不就是，蚊子和青蛙天天在耳朵边聒噪，没人喜欢；公鸡每天只在天亮的时候叫一声，但大家就都起床了。所以说得多不一定有用。"果然，没多久，老公的一项科研成果获了大奖，老公被提拔为技术科长，田甜这才领会婆婆的智慧："你妈说你会'一鸣惊人'，这话一点儿不假！"

老太太并没有多大的学问，但是她巧用比喻，令语言妙趣

横生，充满了生活的智慧。在现代社会中，一个人若想有打动人心的好口才，光将事情说得清楚明白是远远不够的，还必须妙语连珠、幽默风趣，给人以艺术上的美感。

一个通俗形象的比喻，胜过长篇大论的叙述，它基于联想、富有想象，不仅给人以哲学上的启迪，更能体现出说话者的机智与幽默。所以少年们，我们在训练自己的口才时，要有意识地培养自己的形象思维能力，将比喻巧妙地用于说话论证之中，使语言生动形象、富有文采。

思维发散，用联想制造幽默

当我们接收到来自外部的信息时，大脑中会将原有的“信息库”与外部信息建立种种的联系，这就是我们常说的“联想”。可以说，我们的大脑是一个加工器，通过它的处理，我们能够理解接收到的信息，并产生一定的创新。而语言要产生幽默效果，便离不开大脑在各种情境中对于语音、词汇等语言要素的联想。

在幽默的语言中，各种联想方式五花八门，真可谓“只有你猜不到，没有别人联想不到”。许多家喻户晓的幽默故事中，那些人人敬仰的幽默大师，就是用联想缔造了经典，如下面几例。

逆向联想：安徒生是个生活简朴的人。一天，他又戴着自己那顶旧帽子走在街上。一个路人经过时，笑道："你脑子上是个什么玩意儿，那还能称作帽子吗？"安徒生立即回敬他："你帽子下是个什么玩意儿，那还能称作脑袋吗？"

因果联想：有一次，马克·吐温乘坐火车出行，火车的龟速令他恼火。于是，在查票员查票时，马克·吐温弄来了一张儿童票并向其出示。查票员挖苦地说："我真没看出您是个儿童！"马克·吐温故作认真地回答道："是的，先生，如您所见，我现在已经不是孩子了，但当我买票上车的时候，确实还是个孩子！"

过人的联想能力，往往来自不同凡响的发散性思维。关于发散性思维，人们又叫它扩散性思维或求异思维。简单来说，就是以我们接收到的信息为中心，从不同的角度、方向、途径展开设想。它能带给我们各种不同的答案，更能为我们带来数不胜数的幽默方式。那么，我们在平时的生活中，应当怎样提升自己的发散性思维呢?

1. 想象力也要多练习

想象力是人类创新的源泉。有人说想象力是天生的，有人说随着年龄增长想象力在退化——无论如何，笨鸟先飞、勤能补拙是亘古不变的道理。大部分人的想象力通过合理、持久的思维训练，是能够达到令其满意的水平的。而这种思维训练，并不一定要什么专业的团队或教材来辅助，日常生活中，我们

一样可以利用各种身边的事物来训练自己。例如，看到一条鱼，我们可以想象各种吃它、用它的方法。你会发现，在种种奇思妙想中，你的想象力在与日俱增。

2. 不追求“标准”

在传统的教育模式中，很多人都习惯探寻一个“标准答案”，并以此为一种准绳。在这种教育模式渐行渐远的今天，即使曾经受到影响也不必因此而耿耿于怀。摒弃过往的习惯，不再多想“只能这样”，而是多问问自己“假如那样会怎样”，主动让自己多换几个角度去思考问题。

3. 打破思维定式

很多时候，束缚我们的不是未知，而是已知。已知的知识，可以让我们在某些领域如鱼得水，但也会固定我们的思维模式，阻碍我们创新的脚步。有些时候，我们不妨试着用逆向思维去看待问题，多去想想，如果某件事情用完全相反的方式去处理，会出现什么结果；如果已知某件事情的结果，那么在最初，你又可以想出几种不同的方法呢？

幽默是智慧最高的表现形式

在西方国家，幽默是一种非常重要的能力。大多数人都觉得，只有那些拥有大智慧的人，才能表现出随心所欲的幽默。

实际上，现实生活中到处都能找到幽默的身影。尤其是在与他人沟通的过程中，如果我们能够巧妙地运用幽默，就会让沟通取得意外的良好效果。从一件事上，我们不难看出西方国家的人们多么重视幽默，即很多年轻人在寻找人生伴侣时，都会把幽默作为一种必不可少的品质提出来。的确，与一个幽默的人相伴的一生，是让人幸福快乐的一生。因此，人们常说幽默是智慧最高的表现形式。

很多人常常怨声载道，觉得自己已经说得口干舌燥，嗓子都冒烟了，但是听话的人连一点反应都没有，因此简直怀疑听话的人是木头人。这到底是为什么呢？其实并非听话的人听力有问题，也不是他们没有听懂我们的话，而是我们的语言表达缺乏幽默的元素，导致他们对我们的话根本提不起兴致，也不愿意费尽心思地来回应我们。

1727年，英国与法国之间爆发了战争。倒霉的法国学者——大名鼎鼎的哲学家沃泰尔当时正在英国旅行。英国人愤怒极了，把沃泰尔抓起来吊在绞刑架上。他们根本不管他的身份，只因为沃泰尔是法国人，群情激奋的英国人就围聚在绞刑架旁边，想要处死沃泰尔。人们异口同声地喊着："处死他，处死他，可恶的法国人！"很快，沃泰尔在英国的朋友得到消息，赶到现场。他是英国人，知道学者与政治之间根本没有什么必然的联系，因此他赶紧向情绪激动的民众解释沃泰尔只是一个学者，从未参加过任何政治活动。

但是民众显然已经被愤怒冲昏了头脑，他们不管不顾依然大声喊道：“处死法国人！法国人该死！”眼看着事态就要失控，沃泰尔的朋友心急如焚，不停地解释，却没有达到良好的效果。为了朋友的性命，朋友情急之下和同胞们吵了起来，现场陷入激烈的争辩中。这时，被吊在绞刑架上的沃泰尔说：“大家请安静一下，让我这个将死之人也说几句话吧。”

虽然英国人恨透了法国人，恨不得马上处死沃泰尔，但是对于一个将死之人如此简单的请求，依然有一个民众说：“你说吧，但是不管你说什么，都无法改变你即将被吊死的命运。”沃泰尔不以为然，等到人们把他从绞刑架上放下来之后，他先是真诚地对着周围的民众鞠了一躬，然后缓缓地说道：“我知道，你们都是善良高贵的英国人，因为我是个法国人，所以我注定要被你们处死。但是我觉得我的命运已经非常悲惨了，因为我生来就是个法国人，无法和你们一样拥有高贵的英国血统。这个事实对于我来说是无法改变的，也是对我最大的惩罚，难道不是吗？”听完沃泰尔的话，原本愤怒的民众们突然笑起来。大家再也没有把沃泰尔吊到绞刑架上，沃泰尔也成功地为自己赢回了生命。

沃泰尔用幽默的方式表达了自己对英国人的尊重和对自己身为法国人的遗憾。他的话使原本愤怒的英国人恢复了冷静和理智，意识到沃泰尔只是一个无辜的法国人，并不应为他的国籍而死。他与所谓的战争和政治的纠纷都没有关系，而是一个能够造福于整个世界的学者。而对于沃泰尔的幽默，他们也愿意给予宽容的对待，于是，一场即将发生的悲剧就这样结束了。

尽管幽默本身并不具有强大的力量，但是幽默能够委婉地打开他人的内心，让他人释怀。尤其是在遭遇生活中意外的磨难时，或者是被他人恶意伤害时，假如我们能够用幽默来回报，那么我们就能把快乐和宽容传达给他人，让他人的心中也有快乐生根发芽，最终阳光普照。

对于个人而言，幽默更是一种难得的魅力。一个拥有幽默的人总是有着与众不同的气质。哪怕身处逆境，身处险境，他也会以自身的积极乐观感动他人。林语堂曾说，幽默是一种人生的态度。的确如此，如果我们能够以幽默的态度对待人生，那么不管命运作出怎样的安排，我们的人生都将充满欢声笑语。

不要与人针锋相对，用幽默委婉表达不同看法

在这个世界上，每个人都是独一无二的。每个人不但脾气秉性各不相同，而且兴趣爱好、教育背景、成长经历等，也各不相同。因而当不同的人在一起交流时，难免会出现意见不统一或者是观点相对立的情况。每当遇到这种状况时，我们与其针尖对麦芒、寸步不让地与他人针锋相对，不如调整心态，以

平和的方式委婉表达自己的不同观点，避免与他人发生争执，从而也避免引起他人的反感。这对于经营和维护良好的人际关系，是非常重要的。

那么，如何平和地表达自己的不同观点呢？幽默，就是一种很好的表达方式。我们首先要了解一点，即没有人愿意被他人否定，也没有人愿意接受他人的批评和指责。而否定他人的观点，提出自己的观点和意见，恰恰就是某种形式上的不认可，这是任何人都不愿意接受的。有很多人性情直爽，总是毫不掩饰自己对于他人观点的否定，直接表明自己的观点，这样当然是不受人欢迎的。其实，很多事情如果换一种方式去做，就会给人不同的感觉；很多话如果换一种方式去说，也不至于招致他人反感。只要我们多多用心，在表达自己的不同观点之前先认可他人的观点，然后再以幽默的方式说出自己的观点，那么我们就不会那么惹人生厌，也不会与他人关系紧张了。有一些人非常聪明，而且很幽默也很有智慧。有一次，一条公路因为年久失修出现了一个巨大的坑洞，村民们出行很不方便。思来想去，村民们萌生了一种想法，即让政府修路。但是，直接给政府提意见也许会事与愿违，甚至还会因为不小心得罪政府而损害村民的合法利益。因而，很多有智慧的村民汇集在一起想办法。最终，他们想出了一个好办法。那就是邀请摄影艺术家为公路上的大坑拍摄趣味横生的照片，这样不但能如实地描述出大坑之大，以及大坑对人们正常生活带来的影响，而且

也不会有批评政府不修路的嫌疑。果不其然，在艺术家拍摄的一组照片中，有婴儿在大坑里游泳的照片，有大象在大坑里洗澡的照片，还有穿着比基尼的美女在大坑旁边进行日光浴的照片。政府相关的负责人看到这组照片后觉得很有趣，马上就安排相关人员去该公路进行实地查看，并且在最短的时间内解决了修补大坑的问题。看到问题如此顺利地得以解决，村民们高兴极了，也深刻意识到利用幽默感进行批评，以及提升语言表达能力的重要性。

在这个事例中，假如村民没有采取这种幽默的方式反映现实情况，表达他们的不满，而是直截了当地批评政府不修路，那么事情的解决一定不会这么愉快而顺利。西方有句谚语——条条大路通罗马。这句话原本用于形容罗马城非常繁华，有很多道路可以到达。我们也可以将其意思加以引申，即曲线救国。当直路走不通的时候，我们也可以走弯路，最终都能到达目的地。现实生活中，我们总是会有与他人意见不一致的情况发生。每当这时，直接地说出自己的想法。无视他人的想法，或者与他人针锋相对、各持己见，都不是最好的解决方法。我们不但要达到预期的目的，更要讲究解决问题的方法，这样才能各方面兼顾，圆满地解决问题。

学会自嘲，开开自己的玩笑

现代社会，饭可以乱吃，话却不能乱说，因为不管我们有心还是无意，一旦把话说出去，就相当于把水泼出去，再也不可能收回来。我们的话有可能会触动某些人的心，甚至让他们心生怨恨，以致给自己招来莫名其妙的灾难。

人是群居的动物，每个人在生活和工作中都必然要面对形形色色的人，也会遭遇各种各样的事情。很多时候，我们会遭遇突如其来的语言攻击，要想把自己从尴尬和难堪中解救出来，与其使用他人来当挡箭牌，不如自己想办法解脱自己。

既然别人侮辱我们的目的是贬低我们，我们何不顺势而为，更加贬低自己呢？这种自嘲的行为，反而能够让别人的居心不攻自破，因为他们很清楚，只有对于自尊心敏感且强烈的人而言，那些侮辱的语言才会形成真正的杀伤力；而对于擅长自嘲的人而言，这些侮辱的语言根本什么都不是。尤其在人多的场合，当我们以聪明机智自我解嘲时，就更容易展示自身的才华和灵活机动，从而赢得他人的认可和尊重。

当然，这并不是说我们必须妄自菲薄，而是告诉我们，在遇到尴尬的时候，与其一味地为自己辩解，招致他人的嘲笑，不如主动自我嘲笑，反而让他人的嘲笑无处依托。

霍夫曼将军德高望重，极具威严，深得部队里每一个人的敬重。有一次，他去慕尼黑进行视察，士兵们看到霍夫曼都刻

意保持距离，不愿意和霍夫曼亲近，生怕一不小心冒犯了霍夫曼。霍夫曼觉得很难受，感到自己就像一座孤岛，处于茫茫大海之中，孤立无援，在整个军营里成了最不受欢迎的人。

军队俱乐部为了迎接霍夫曼的到来举行了欢迎晚会，在晚会上，霍夫曼将军始终面带微笑，他很想与士兵们亲切地进行交流，但是士兵们依然对他敬而远之。每个人，包括那些军官在内，与霍夫曼交流时都小心谨慎，生怕说错一个字。晚会进行到一半时，一名中士服务员来给大家倒酒。此时，霍夫曼坐在餐桌前，正在看着身边的人，认真地倾听他说话。服务员也许是紧张过度，生怕自己哪个地方表现不好就让霍夫曼将军心生不满，因而手哆哆嗦嗦的，正当他举起酒杯给霍夫曼倒酒时，居然不小心把酒倒在了霍夫曼的头上。

看到发生了意外，尤其是与霍夫曼将军有关，在场的每个人都紧张得连大气也不敢出。他们都目不转睛地盯着霍夫曼，不知道霍夫曼做何反应。他们很清楚霍夫曼是个秃顶，所以从来不愿意别人提起自己光溜溜的脑袋，如今居然有人“在太岁头上动土”，结果实在难以预测。中士服务员原本就胆战心惊，这下子更是吓得张口结舌，连呼吸都险些忘记了。人们似乎都看到了这位高高在上的将军怒不可遏的样子，中士服务员的脸上沁出了豆大的汗珠，脸色变得很难看。

出乎大家的预料，霍夫曼并没有生气，反而从自己的口袋里掏出手帕把头上的酒擦干，然后他转过身笑着对服务员说：

“小伙子，我的秃头已经试过了很多办法都没能长出头发。就算你用这么高档的红酒来刺激我的头皮，估计也是没有效果的。不过我还是要感谢你对我这么用心。但是，我必须坦诚地告诉你，我早就试过了这个方法，根本没有用。”听到霍夫曼幽默风趣的语言，在场的人都忍俊不禁。渐渐地，中士服务员恢复了平静，他充满敬意地向霍夫曼敬了军礼。自从发生这件事情之后，下半场宴会进行得谈笑风生，大家真正看到了霍夫曼的平易近人，再也不对霍夫曼敬而远之了。霍夫曼也如愿以偿地摆脱了“孤岛”的感觉，与大家打成一片，真正实现了鱼水情深。

人生在世，难免会遇到各种各样的意外。尤其是在尴尬的事情毫无征兆地发生时，包括当事人在内，在场所有人也许都会觉得手足无措。在这种情况下，假如我们能很好地运用自我解嘲的方法，给自己解围，那么就能让现场的气氛变得活跃起来，使其他人不那么紧张。在上述案例中，霍夫曼正是运用这种自我解嘲的方法，才给自己解除了尴尬，也帮助中士服务员消除了紧张的心理，还让现场的人们都哈哈大笑起来，让原本紧张的气氛变得轻松舒缓，可谓一举数得。

有人说，自我解嘲是一种非常高明的幽默方式，也是极高的智慧。在人际关系中，自我解嘲能够很好地调节交谈的气氛。的确如此，从霍夫曼将军的案例中不难看出，如果一个人能把自己的缺点拿出来与他人分享，那么足见他是非常真诚和

坦率的，大家也会感受到他的良苦用心。这种行为会使当事人表现出亲和力，从而使他在人际交往中由被动变得主动，并成为交际现场的灵魂人物。

不管是生活中还是工作中，那些所谓的交际达人、沟通高手，实际上都是很善于自我解嘲的人。当然这并不意味着他们自视甚低，而恰恰是因为他们有足够的自信，拥有非凡的勇气，所以才能勇敢地自我解嘲。这种行为非但没有使他们丧失魅力，反而帮助他们赢得他人的认可和尊重，让他们在人际交往中如鱼得水，游刃有余。

第09章

做忠实的听众，悉心倾听是高效沟通的前提

不仅需要说话，也需要适当倾听

沟通是双方通过语言或非语言来交流思想感情的过程，因此，在沟通过程中，我们不仅需要说话，也需要适当的倾听。是否能够通过语言来影响其心理，就决定于你是否悉心倾听了。良好的倾听会为你捕捉到许多有效的信息，而这些信息将决定你是否能够成功地掌握他人心理。说话是一个传递信息的过程，把话说到位，不仅关系到准确表达自己的思想，还在于使自己的思想被对方接受，并使对方产生共鸣。

在沟通过程中，我们需要积极地倾听，让对方尽可能地传递出更多有效的信息。获知了对方的兴趣点，这样我们才有机会把话说到对方心坎儿上，从而影响其心理，最终赢得对方的信任。

1. 表示理解

有时候，即使我们不能认同对方的做法，也需要表示出理解，“您说得很有道理，我非常理解您”“谢谢您，如果我站在您的位置，也会有与您一样的想法”。对对方的话表示理解，把话说到对方心坎儿上，他会不自觉地受你影响。

2. 维护对方的自尊心

美国著名的哲学家詹姆斯曾经说过：“人类天性的至深本

质就是渴求为人所重视。”当对方的表述有些偏颇的时候，我们需要维护对方的自尊心，尽量以委婉的表达方式传递这样的信息“您说得非常有道理，但我相信，每个企业，毕竟都有它存在的理由。”

3. 具体而新颖的赞美

每个人都渴望别人的赞美与认同，当我们察觉出对方有这方面的心理需求的时候，需要给予具体而新颖的赞美之词，如“您的声音真的非常好听”“听您说话，我就知道您是这方面的专家”“跟您谈话我觉得自己增长了不少见识，谢谢您了”。这些恰到好处的赞美会触动对方内心，继而赢得对方的信任，最终达到影响对方心理的目的。

换句话说，把话说好，关键在于把话说到对方心坎儿上，以此影响其心理。那么，如何把话说到对方心坎儿上呢？这就需要我们通过聆听来洞悉对方的心理需求，再利用语言将自己的思想传递给对方，满足其心理需求，以达到影响他人心理的目的。

倾听不傻听，还要细心观察

现代心理学的研究证明：一个人不经意间表现出来的小动作能够反映出他的真实性情，或者对别人所保持的态度以及意

见。例如，在日常交流中，对方看起来很认真地在听，但是，在桌子的下面，他的手指却在不停地反复敲击着。这样的小动作表示这个人实际上与他的表面是相反的，他一点儿也没有将心思放在倾听上，心不知道飞到哪里去了。因此，在生活中，如果我们能仔细观察他人的小动作，那么我们就可以看出其真实的性情。

小白是一个话很多的人，经常逮着机会就与同事大侃起来，也不管对方愿不愿意听。对此，坐在他旁边的小李可就遭殃了，每次小白都会转过身来，兴致勃勃地说些自己碰到的趣事，小李虽说表面不好拒绝，但他总是不安地用笔杆敲打桌面，以此表达自己的意思。小白却是一个马大哈，他不明白小李为什么喜欢敲桌子，不过，他没有多想，还是自顾自地说话。

有一次，小白碰到了学心理学的朋友。在聊小动作的时候，小白突然想到了小李，他问道："当一个人总是用笔杆敲打桌面的时候，他心里在想些什么呢？"朋友回答说："这样的小动作大多表示他对你所讲的话已经感到厌烦了。""啊？"小白恍然大悟，后来，在办公室里，他收敛了自己的个性，不再经常缠着小李说话了。

小白通过向自己学心理学的朋友询问，发现同事的小动作是想告诉自己：我对你所讲的话并不感兴趣。在我们身边，每个人都有那么几个常见的小动作，我们可以通过观察对方的一些小动作来发现他们对自己的意见。另外，一些心理实验表

明，如果你与一个你很讨厌的人在一起，只会出现两种相对的反应：一是太随便，根本不在乎对方的想法；二是太拘谨，看起来无所适从，甚至不知道该把手放在哪里。

每个人都有心情不好的时候，特别是这种情绪是别人的原因造成的，会表现得更突出，显得烦躁不安。这些情绪除了通过面部表情及口头语言表现出来以外，还会通过一些小动作显现出来。下面我们就介绍几种人们常见的小动作。

1. 喜欢用嘴咬住一些物品的人

有时候，我们经常会发现有的人喜欢用嘴咬眼镜腿、铅笔或者其他一些物品。这一类型的人喜欢我行我素，不喜欢受人管制。他们做出这样的动作，是想掩饰自己恶劣的情绪，不想让别人知道。在这种情况下，你千万不要上前搭话，以免加重其恶劣的情绪。但有时候，这样的小动作也无法克制他内心的不满情绪，这些不满甚至会在突然之间爆发出来。

2. 习惯用手拢头发的人

有的人喜欢用指尖拢头发、轻搔面部，或是把食指放在嘴唇上。这一类型的人性格比较开朗、乐观，虽然在面对生活或工作中的困难时也会出现失望、沮丧的心情，但是他们能在最短时间内调整好自己的心态，坦然面对一切，并致力于寻找解决问题的办法。

如果有人在你面前做出这样的小动作，那就表明他对你的谈话没有多大的兴趣，显得有点儿左顾右盼，漫不经心。他们

或许正在思考自己的问题，并且认为你是在打扰他，但他们会碍于情面而不表露出来。

3. 习惯两手互相摩擦的人

有的人习惯两手不停地摩擦。这一类型的人对自己充满了信心，喜欢挑战自我，并且在成功的路上敢于承担一定的风险。一旦他们决定去做某件事情的时候，就会一直坚持下去，而不会轻易改变主意和行动方向，所以他们在某些时候显得比较固执，而通常出现这种情况的时候，就是他们烦躁不安、心情郁闷的时候。

4. 习惯用手抚摸下巴的人

有的人习惯于用手抚摸下巴或者抓着下巴。做出这种小动作的人大多比较世故圆滑，有较深的城府。他们这样不断地抚摸下巴只是想使自己镇静下来，克制自己内心的不满情绪，以免自己在冲动之下做出什么不好的举动，同时，他们也在思考下一步的对策。

在日常沟通中，我们会发现，几乎每个人都有其特别的小动作，而这些不经意表现出来的小动作恰好能在某种程度上反映其真实性情。实际上，每一个人的小动作都隐藏着其内心的真实想法。在很多时候，一个人的肢体语言和他们内心想要说的话并不一样，这就是所谓的小动作了。

学会倾听很重要，但学会回应更重要

当你激情澎湃地演讲时，当你痛不欲生地发泄时，当你饱含深情地告白时，当你慷慨悲愤地倾诉时，你的沟通对象却从头至尾面无表情、沉默木然，即便他真的一直全身心投入地倾听着你所有的话语，试问，你会相信他在倾听吗？你有耐心与他继续交谈下去吗？你有勇气与这样的听众再次交流吗？因此，我们可以说，学会倾听很重要，但学会回应更重要。

这天傍晚，小云刚回到家中就把自己关进屋里大哭了一场，直到深夜才肿着眼睛走出房间。

父母都担心地不敢睡觉，一直等着小云。见她出来了，妈妈忙着去给她热饭，爸爸则给她泡了一杯热茶，与她促膝长谈起来。

“乖女儿，什么事这么伤心？在单位里被人欺负了？别怕，告诉爸爸，爸爸给你撑腰。”

“没有人欺负我，是我自己犯了错误，理应受到批评。可是，主任批评了我一会儿，就说我完全没有认识到自己的错误，让我好好反省反省。我真委屈。我知道自己犯错了，也很认真、很虚心地接受了主任的批评，他怎么还说我态度有问题呢？”

“你和主任争辩了？”

“爸爸，你知道，我从来不和人争论。”

“你从头到尾说话了没有？”

“没有，一句话都没说。”

“你低着头不理主任？”

“没有，我一直抬头看着他。”

“一直抬头看着他？只是看着他？没有其他表示？”

“没有。从小老师就教我们，跟别人说话时看着别人的眼睛是一种尊重，所以我的眼睛一直盯着他的眼睛。”

“傻孩子，你这不仅是生搬硬套，而且一点儿交际常识都没有啊！孩子，和人说话时看着别人的眼睛表示尊重，这没错，但是也要分具体的情况。一个认识到自己错误并且正在接受批评的人，应该是羞愧的，不自然的，这种心态的人，还会盯着对方的眼睛一直看吗？即便没有犯错，一直盯着对方的眼睛看，对方也会感觉心里发毛，让人觉得你要么是想从他眼神中窥探出什么，要么就是在逼视他，和他较劲。”

“一个眼神，居然有这么多学问？”

“那当然。还有，别人跟你说话，你愿意倾听是好事，但不能只听不说，尤其是在这种需要你表态的情景中，哪怕你只是轻轻地垂下脑袋，咬咬嘴唇，都能让主任知道，你有些懊恼了，你知错了。抛开这一次，如果每次别人和你讲话，你都只是瞪着眼睛盯着对方，别人说什么你都无动于衷，那么别人还有什么兴趣和你继续聊下去呢？孩子，关于这一方面，你真的要好好修炼一下了。来，拿出纸笔来，老爸给你推荐几本书……”

懂得倾听，是一种品质，是社会生活中必不可少的通行

证；学会回应，是一种智慧，是人际交往中助你升华的垫脚石。在倾听中，以你们的冰雪聪明，去体察倾诉者的内心吧；在得体的回应中，来展现你们的蕙质兰心吧。

那么，在倾听他人讲话时，可以用哪些方式回应对方，来表明你的专注呢？

1. 适当借助肢体语言

研究表明，肢体语言在信息的传递量中占有高达55%的份额，因此我们在倾听的过程中，可以适当借助肢体语言，向对方做出回应，表明你此时专注的状态。例如，赞同对方的观点时，可以轻轻点头；听到有趣的事时，回报笑容；感受到对方哀伤的情绪时，微锁双眉；当对方讲到精彩之处时，我们不妨将上身略微探向对方，表明自己对于谈话内容很感兴趣等。这些肢体语言，能够让人不置一词，而清晰传达。

2. 适度重复对方的话

例如，偶尔打断对方，问他，“您是说……”“您刚才的话，我可不可以理解为……”这样的重复和发问，能够让对方感受到你对他的话十分重视，想要将他的每一句话都充分理解。当然，这种回应方式不能频繁使用，否则对方会怀疑你的专注度甚至理解能力，从而对这次沟通大为扫兴。

3. 适时表达你的意见

你的意见，可以是赞同的，也可以是反对的，并不需要一味地迎合对方。你赞同他的观点，他自然兴高采烈，谈兴更浓，彼此间更添惺惺相惜之感。你提出自己的观点，也说明你在认真倾听并思考了他的讲话，你脑中的思想之炉在他的感染下燃起了火苗；即便你们的观点完全相悖，也不过是双方在良好的交谈氛围中探讨、交换意见，略做讨论，无伤大雅，且能从更多的角度彼此熟悉、深入了解。当然，既然是倾听，那么重点仍旧是在听，而不是说。你的表达是一种回应，而不是为了表现。

作为倾听者，要善于改变说话者

大多数人都误以为只有讲话的人，才能以自己犀利独到的语言改变听者。殊不知，不但讲者可以改变听者，听者也是可以改变讲者的。这句话也许听起来不可思议，也不为很多朋友所接受，但是却很有道理，而且得到了现实的验证。

现实生活中，很多朋友都害怕当众演讲，因为他们害怕自己所表达的观点不被听众所接受，也害怕听众会把他们赶下演讲台，对他们的话充耳不闻。实际上，这样的困惑和恐惧并非只有普通人才有，很多职业的演讲家也会面临同样的不安，甚至那些已经习惯于生活在闪光灯下的明星们，在开演唱会时也会因为紧张而忘记歌词。

试想一下，假如你是演讲者，那么面对着台下听众交头

接耳或呼呼大睡，你还能佯装从容地讲下去吗？从这个意义上来说，听者改变讲者并非空穴来风，每一个听者如果想要听到精彩的演讲，就要以实际行动鼓励讲者激情澎湃地讲下去。举个最简单的例子，在大学课堂上，假如你在讲台上又写又画，侃侃而谈，但是同学们却都大眼瞪小眼，连个做笔记的人都没有，那么你还有勇气继续地传授知识吗？只怕你会心灰意冷，甚至不想再为这些不懂得尊重老师，也不懂得为自己负责的学生费心劳神。相反，假如老师在讲台上上课，看到台下的同学们全都聚精会神地听讲，而且时不时地还会低头认真做笔记，那么老师一定会尽心竭力地为同学们传授知识，而不会有丝毫懈怠。

好的听众除了能给予演讲者忠诚的耳朵、熠熠闪光的眼睛之外，也会给予演讲者信心和荣誉。那么在面对陌生人时，虽然陌生人并非是我们的讲者，我们也依然要用相似的办法激发对方的谈话兴致和热情，从而使他们能对我们敞开心扉、吐露心声。

除此之外，作为听者，为了能让讲者更加激情澎湃、倾其所有地为我们讲述各种知识或者事件，我们还有很多办法可以激发讲者的谈兴。诸如，我们可以坐在靠近讲者的位置上认真倾听，还可以在讲者中途休息时向其提问，或者回答讲者的问题。这些行为都能使讲者感受到我们是他们最忠实的听众，也是最在乎和最重视他们讲话的人。这么做还有一个好处，即能够帮助我们得到演讲者的重视，又能使我们鼓起勇气，更好地与陌生人进行交流和沟通。

用心倾听，才能真正激发起对方的谈兴

良好的沟通，不但要建立在彼此超强的沟通能力上，更要建立在相互之间用心倾听的能力上。我们只有用心倾听他人的话，才能真正激发起对方的谈兴。与此相反，假如我们总是喋喋不休地说着关于自己的事情，那么我们很容易就会惹人厌烦。

每个人都有这样的感受，即在我们说话的时候，如果对方对我们的话题表现出浓厚的兴趣，并且做出积极的回应，那么我们一定会洋洋自得。这是因为每个人都希望自己的发言能够得到他人的认可，也希望自己的发言会让对方觉得兴致盎然。这样一来，我们会觉得自己被尊重、被重视，也得到了他人的理解和认可。与此恰恰相反，假如我们在与人谈话的时候，他人表现出心不在焉的样子，不但意味着我们的话题也许使对方意兴索然，更意味着对方对我们的付出毫不在意，而且不屑一顾。

我们往往会因此认定对方非常无礼，而对对方印象不好。实际上，他们也许什么意思也没有，只是缺乏倾听的技巧而

已，但是如此糟糕的后果却使他们损失惨重。尤其是当说话对象对于他们而言是非常重要的人物时，他们必然会损失更大。我们由己及人，不难想象出当我们不是一个好的倾听者时，会给发言的人留下怎样的恶劣印象。从这个角度而言，我们要想与他人更好地相处和交流，必须首先提升自己的倾听能力，让自己成为一个合格且优秀的倾听者，这样我们才能和他人更加顺畅地交流，我们也能在尊重他人的同时，赢得他人的尊重。

那么，我们应该如何才能提升自己的倾听能力，从而使对方对我们的凝神倾听印象深刻，也因此使其谈兴更浓呢？首先，我们应该集中精力，全神贯注地倾听对方说话。这样不但能代表我们尊重对方，更能代表我们被对方的话题所吸引，让对方感到自己的发言是很成功的。当我们凝神细听时，对方必然更愿意侃侃而谈，甚至还会在激动之余说出更多理性的话呢！其次，我们应该善于使用肢体语言，诸如点头、认可的眼神等，来表示对对方的认可和附和。此外，也可以使用恰到好处的附和语，让对方感受到我们的态度。再次，我们还要讲究礼貌，千万不要随意打断对方的谈话。人在说话的时候都是受思路指导的，尤其是在发表长篇大论时，更是会按照一定的思路组织好语言，一旦我们突然打断对方的谈话，那么对方很有可能中断思路，不知道接下来应该说些什么，难免因此产生不悦。最后，我们还要在对方谈话进行到一定阶段时，抓住时机，总结对方的观点，然后得出自己与之相应的观点。这是一个内化的过程，旨在告诉对方我们一直在用心听、用心思考，所以才会得出这样精辟到位的总结。总而言之，凝神倾听并非是目不转睛地盯着对方就可以了，我们还要做出及时的反馈和回应，从而帮助对方更好地调整下一步谈话的思路。

但是，有一点是毋庸置疑的，即无论对方说什么，都希望有人认真倾听他的话。所以不管是出于礼貌，还是出于需要，我们都要凝神倾听对方所讲的话，才能激发对方的谈兴。为了能做到集中注意力、全神贯注地倾听，我们还要提前消除各种有可能干扰自己的因素，从而使我们与对方的交谈更加顺利。

需要注意的是干扰因素分为外界的和内部的。外界的干扰因素包括各种噪声，以及很多可分散人们注意力的东西。内部的干扰因素包括心神涣散，或者是低落的情绪等，这些都会影响人们专心倾听。因而为了使交流能更加顺畅，我们要提升倾听的技巧，从而帮助自己集中注意力凝神倾听。

第 10 章

转移话题，善用以退为进的言辞赢得他人认同

适时退步，太急于表现自己惹人厌

在生活中，我们发现，那些言语谦虚诚恳的人很容易获得他人的认同，而那些言辞激烈的人却难以获得他人的肯定，这是为什么呢？那些说话嚣张、不懂礼貌的人，往往给人一种骄傲的感觉，于是，人们在心理上就对其有了距离感，更别说要认同这个人了。在日常交际中，如果我们想获得他人的认同，那么不宜表现得太嚣张，应适时懂得退步，以谦虚诚恳的言辞赢得对方的认同，达到打动人心的目的。

其实，前者所使用的就是“以退为进”，表现得格外谦虚诚恳，以此来打动对方，对方自然能够认同自己，而后者太急于表现自己，反倒惹人厌。通常情况下，人们对于那些言辞谦虚诚恳的人总是怀有一种莫名的好感，会觉得其人品值得信赖，在交往过程中就会对其产生好感，并且认同对方。

那么，我们需要在哪些方面做到“以退为进”呢？

1. 谦逊的态度

大多数人都希望自己能得到他人的尊重，而你的谦逊将是对他人最大的尊重，即使你很有能力，但在他人面前也应该表现得谦逊一点儿，这样才能够很好地打动他人，获得他人的认同。

2. 礼貌性的语言

在交谈中，我们要使用礼貌性的语言，例如，问候语“您好”，告别语“再见”，致谢语“谢谢”，致歉语“对不起”，回敬语“没关系”“不要紧”“不碍事”，等等。

另外，要养成使用敬语、谦辞、雅语的习惯。常用的敬语有“请”，第二人称“您”，代词“阁下”“尊夫人”等；谦语是向人表示谦恭和自谦的一种语言，如称己方为“愚”“家父”等；雅语是指一些比较文雅的语言，如你端茶招待客人，应该说“请用茶”。其实，无论是求人办事还是普通的交谈，我们都需要以谦虚诚恳的言辞来进行交谈，以退为进，赢得他人的认同。

将错就错，防止攻击的扩大化

王聪是电脑公司的设计人员。这天，老板让他做一个广告牌匾。王聪非常自信，一个下午就做好了。老板也没有细看，随即让技术人员给做了出来。

送到客户手里后不久，客户就打来电话，态度非常恶劣。原来王聪在电脑制图的时候，竟然把客户公司的名称“玉龙”做成了“龙玉”。面对客户和老板的严厉指责。王聪没有狡辩，他给对方道歉说：“真是抱歉，是我的疏忽，要不这样

吧，我重新赶着做。花去的费用从我的工资里面扣，行吗？”

客户不再吱声了，老板也没有再说什么。王聪认认真真地又把设计图做了一遍。检查无误后麻烦技术人员重新做了一遍。那天的失误花去了王聪工资的1/3。好在王聪及时提出了补救的措施，否则指不定还要受多少指责和惩罚呢。

当我们的失误给别人带来伤害的时候，一般都会遭到对方的指责和谩骂。这时候如果过多地辩解，无疑是火上浇油，让对方更加生气，从而更加激烈地攻击你。为了避免这种攻击的扩大化，不妨态度诚恳地承认自己的错误。既然你承认了自己的错误，那么对方再过分地难为你，就显得不通情理了。所以将错就错，是利用示弱来平息对方的怒火，从而达到避免别人语言伤害的目的。那么，在生活中到底该如何利用将错就错的办法避免语言伤害呢？

1. 态度要谦逊

当别人对你进行语言伤害的时候，态度一定要谦逊一些。通常人的心理是遇强则强，尤其是在生气、攻击别人的时候。你的谦逊态度往往会让对方有气没处撒，即使想要在你的身上发泄，也会受良心的谴责而不得不放弃。如果你一味地坚持自己的观点和态度不肯认错，无疑会挑起对方心中的怒火，你越狡辩，对方越生气，对你的伤害也会越大。这时候，对方也给自己的指责和为难找到了理由。谁让你做错事还死不悔改呢？所以，面对对方的指责和为难，态度一定要谦和一些，即使是

别人误会了你，也不要和对方争辩，要和颜悦色地解释清楚，不要和对方比脾气。如果对方胡搅蛮缠，不妨服软，给他个台阶下。在不涉及原则是非的问题上，承认自己的无知未尝不是好事，即便你是对的。

2. 提出补救措施

对方之所以攻击你，是因为你的失误给别人带来了伤害。所以，要想让对方彻底闭嘴，除了态度谦逊一些之外，还要切切实实地解决问题。所以，及时地提出补救措施无疑是重中之重。当然提出的补救措施一定要解决问题，让对方心服口服，而且要比原先的效果还好。例如，故事中的王聪，因为自己的错误对客户造成了伤害，好在他及时提出了补救的措施，才使对方停住了对他及公司的指责和污蔑。所以，提出补救措施，让对方感到心理平衡，因为你已经在想办法帮他解决问题了。对方自然不好意思再过度地埋怨你了。所以，当别人因为你的失误而埋怨和指责你的时候，最好的办法就是提出相应的补救措施，堵住对方的嘴。

3. 勇于承担责任

既然是自己的失误，那么就要勇于承担一切责任。这在一定程度上让对方觉得心理平衡，因为你让别人觉得你是个负责任的人。对方不会再担心你给他带来二次伤害。所以，当对方指责你的时候，要用实际的行动勇于承担责任，把给对方带来的伤害减到最小，同时把对方对自己的语言伤害也减到最小。

故事中的王聪，主动承担了采取补救措施所带来的损失，堵住了客户的嘴，也堵住了老板的嘴。毕竟是个人的失误，总不能让别人再替你受过吧。倘若王聪当时不承担这个责任，那么客户势必不肯罢休，羞辱和谩骂自然少不了。老板肯定也不肯蒙受损失，自然也会对王聪进行语言攻击。那么对于王聪来说，不但要承受过多的语言伤害，而且最终还得自己负责，得不偿失。

转移话题，避免直接争执

宏宇是一个大型工厂的工人，一次，下班后工友们都走光了，他推着自行车往大门口走，由于从厂房到大门口有一段距离。按照厂方的规定，工厂内禁止骑车。当时宏宇看了一下四周，没有保安，随即一脚蹬上了自行车，向大门驶去。谁知就在这个时候，负责在工厂执勤的保安不知道从哪里钻了出来，一下子拽住了宏宇的自行车，拉着他去接受罚款。

宏宇一下子愣在那里，不知如何是好。幸亏他脑子机灵，在和保安的争执中，他听出了保安的口音，于是对保安说："听你的口音，好像不是本地人嘛？"

保安回答说："不是的，我是四川雅安的。"

宏宇笑着说："真的啊，我女朋友也是四川雅安的。跟你

说话挺像的，我说怎么听着这么耳熟啊。”保安：“是吗？那真是太巧了，能在这么远的地方碰到老乡。”宏宇：“是啊，太不容易了，那改天聚聚吧。”

保安：“那真是太好了。那你赶紧回去吧，回去晚了，老乡会担心的。”

事实上，宏宇并没有一个四川雅安的女朋友。自然之后也不可能和保安叙老乡之情了。

一般情况下，当有人因为一个问题和你起争执、为难你的时候，内心深处对你的攻击力度很强，对你的意见和做法很反感，但并不是对你这个人很反感。这时候不妨转移话题，转移对方的注意力。话题转移了，矛盾自然就暂时放下了，那么对方也没有必要继续攻击你了。这样一来不但降低了别人对你的语言伤害，还可能因此而化干戈为玉帛。那么在利用转移话题的办法来降低语言伤害的时候，有哪些方面需要注意呢？

1. 寻找彼此的共同点

别人之所以为难你，攻击你，是因为在某些问题上，双方意见和做法不一样，甚至可以说是针锋相对的。为了分出个所以然来，势必要较量一番。事实上，孰对孰错，谁是谁非并没有想象得那么重要。再加上在谈及某些问题的时候情绪激动，说出很多让你尴尬和难堪的话也在情理当中。所以，这时候，尽快找到彼此的共同点，把话题由相异转向相同，这样不但转移了对方的激动情绪，而且还会将自己在对方心目中的定位由

敌人变成朋友。例如，故事中的宏宇，在遭遇对方为难的时候，找出了和对方是老乡的女朋友来。尽管这个女朋友是瞎编的，但是却迅速化解了他和保安之间的对立情绪，避免了很大的麻烦。所以，寻找双方的共同点是迅速转移话题的好办法。如果实在找不到，那么不妨虚拟一个。当然这仅适应于陌生人为难你的时候，熟人之间当然不行了。

2. 要及时地赞美

没有人不喜欢别人赞美自己，即使是在双方有强烈的对抗情绪之下。所以，当别人在言语上为难你的时候，不妨赞美一下。每个人的注意力都在自己身上，当对方指责你的时候，你赞美一下，对方的注意力会迅速转移到自己的身上，并且转移到你所关注的话题上。这样一来，别人对你的攻击和伤害自然就不存在了。例如，别人指责你打扫卫生不彻底的时候，你可以说“你的衣服真漂亮”，或者说“你今天神清气爽，遇到什么高兴的事情了”。这时候，对方就算是再对你有意见，也会两眼放光，面带微笑和你交谈。即使有些人抹不开面子，心里也会甜滋滋的。所以，在面对别人的指责和为难的时候，要学会用赞美来转移话题，缓和彼此的情绪以及赢得对方的好感。

3. 对对方发生浓厚的兴趣

任何人都一样，希望得到周围更多人的认可和肯定。所以，人们也就希望别人对自己感兴趣，对自己的生活感兴趣，并对自己的所作所为给予肯定。但是，因为一些想法和做法的

不同，当别人为难你的时候，要多关注一下对方的生活，将话题引向对方。因为有差异，所以有对抗的情绪。当话题转移到对方身上的时候，没有了分歧，自然就没有了对抗。当你对别人产生兴趣的时候，别人也会对你产生兴趣。例如，当有人说你不应该在上班的时候接电话时，你不妨关注一下对方的失眠好些了没有，睡眠质量怎么样。别人给予你的是责备，你回报的是关心。这样一来，即使再对你有意见的人也不好意思再为难你了。

善于说点“软”话，反而能四两拨千斤

说“软”话，即在自己出现错误时，为避免关系僵化而说出主动认错或忍让对方的话。说软话的作用在于赢得对方的同情、理解、宽容、原谅，以达到解释、说服、沟通、转化矛盾、反败为胜的目的。

苏联教育家苏霍姆林斯基说：“有时宽容引起的道德震动比惩罚更强烈。”这说明，以宽容为特点的忍让式说法有强大的征服力。常言说“好汉不吃眼前亏”，任何人都不可能一帆风顺，在交际中遇到挫折时要能屈能伸，一语不中时要退而求其次。如何做到出神入化，其中大有学问。

和声细气，这种声和气宛如柔和的月光与涓涓的细流，由

人的心底流出，轻松自然，和蔼亲切，不紧不慢，能给听者以舒适、安逸、亲密、友好、温馨的感觉。温和地说话的人，为人必定温柔、善良、善解人意。

一家瓷器店营业员王姐遇到了一位十分挑剔的客户，给他拿了好几套瓷器，挑了半个钟头还没选中。因客户太多，她先照应别的客户去了，这位客户以为王姐在冷落他，便把脸一沉，大声指责说："喂，你这是什么态度，你眼睛没有看见我先来的吗？为什么扔下我不管？"他把钞票往柜台上一扔，命令道："快给我结账，我还有急事！"这话真够刺耳难听的。然而，王姐没和他"一般见识"，她安排好其他客户，和颜悦色地对他说："请你原谅，我们店生意忙，对你服务不周到，让你久等了，我服务态度不好，欢迎你多提宝贵意见。"王姐这几句真诚而谦逊的话一出口，那位客户的脸一下子就红了，转而难为情地说："我说得不好听，也请你原谅。"

王姐以"和气"对"火气"，表面上"似水柔情"，实际上"力胜千钧"，产生了积极的效果。"有理不在声高"。话，并非说得有棱有角、咄咄逼人才有分量。像这种忍让式的说法，由于充满了对消费者的尊重、宽容和理解，本身就产生了一种感化力，能够引起对方的心理变化。"火气"遇上"和气"，就失掉发泄的对象，自然降温熄火。

当遇到有人无理取闹时，你不必过分冲动，更不要破口大骂，理智的态度和委婉的谈吐能帮你转危为安，战胜对手。当

遭到有人无端发怒时，如果保持忍让态度，柔言相答，那么就会“灭火消气”，换来微笑。

不说满话，才会有回旋的空间

说话不留余地等于不留退路。因此，我们说话时，要留点儿容纳“意外”的空间，给自己留下转身的余地。精明的人都熟知此道，人际交往中的事常是复杂多变的，任何人都难以预料以后会发生什么事，过早地把话说满，不留余地，就可能出错。

单位领导就某项决策征求职员意见，聪明的人在发表意见的同时，都不会把话说得太满。在单位决策上发表自己看法的同时，别忘记加上一句，“这仅是我个人的想法，方案能否通过，看上级的最终决策”，这样可以留有余地了。

要知道，世事浮沉不定，难以预料。不把话说满，留有余地，才会有回旋的空间。就像两车之间保持安全距离，才可以随时调整自己。

人说话留有空间，便不会因为“意外”出现而下不了台，因而可以从容转身。所以，很多人在面对记者的询问时，都偏爱用这些字眼，如可能、尽量、或许、研究、考虑、评估、征询各方意见……这些都不是肯定的字眼。他们之所以如此，就

是为了留一点儿空间好容纳“意外”；否则一下子把话说死了，结果事与愿违，那不是很难堪吗？

我们在工作中一定要注意，对上级交办的事应该接受，但不要说“保证没问题”，应代以“应该没问题，我全力以赴”之类的说法，这是给万一做不到所留的后路。而这样说事实上也无损你的诚意，反而更显出你的谨慎，别人也会因此更信赖你，即便事情没做好，也不会责怪你。

当别人有求于你时，对别人的请托可以答应，但不要“保证”，应以“我尽量”“我试试看”回答。用不确定的词句一般都可以降低人们的期望值，你若不能顺利地完成任务，人们因对你期望不高而能用谅解来代替不满，有时他们还会因此而看到你的努力，不会全部抹杀你的成绩；你若能出色地完成任务，他们会喜出望外，这种增值的喜悦会给你带来很多好处。

说话不留余地等于不留退路，要么成功，要么失败的简单逻辑已不适合复杂多变的社会，为此付出的代价有时是你无法承受的。与其和自己较劲儿，不如多用一些缓和语气之类的方式。因此凡事要留有余地，不要把话讲得太满，要收放自如，让自己立于不败之地，从而在适度和完美之间找到平衡。

说话要有一定的灵活性，远离陷阱

面对形形色色的交际对象，不能用某种固定格式语言来应对，学会随时、随机、随人而应变的技巧对于我们格外重要。这在表达技巧上则表现为口齿伶俐，既要具备快速而清楚的表达能力，又要有高度灵活的应变措施，这样才能避开别人语言中的陷阱和捉弄。

预备一些固定的语言小技巧，可以让自己出口的话更具有灵活性，更不容易被抓到话柄而陷入对方的陷阱，被对方捉弄。

1. 给对方的捉弄找个高尚的理由

几个正在打闹的小伙子，在人群中摘下了一位姑娘的帽子，一边抛起，一边观察姑娘的反应。这时候勃然大怒显然是正中下怀，姑娘不紧不慢地说："我的帽子很漂亮吧？"小伙子捉弄地笑道："当然，和你一样漂亮。"姑娘接下去说道："你是不是想仔细看看给自己的女朋友也买一顶？"小伙子终于不好意思了，只好顺水推舟："是啊，现在看完了，还给你。"

有时候别人的捉弄并没有恶意，只是一时兴起，或者玩闹过头，这时候完全没有必要动怒，不妨给对方的行为找个好的理由让彼此都有台阶下，避免自己难堪尴尬，也显得自己有风度。

2. 巧妙转变话锋

当感觉对方的话锋开始不怀好意或者针对你时，及时转变话锋能够避免自己落入对方的陷阱。某办公室八卦女在吃饭时兴致勃勃地说道：“昨天你们办公室主任和小王吵得可精彩了，整个办公区都可以听到。”然后问身边的女孩子：“你听到没有，知不知道为什么？是不是主任抢了小王的功？”

这时候怎么回答显然都不合适，于是女孩子话锋一转：“这么说你知道，是吗？”八卦女接话：“我也是听说的”。“耳听为虚，经过这么多人传话，说不定早传变形了。”巧妙地转变话锋，避免了让自己卷入旋涡。

3. 赞扬别人不忘眼前人

在人面前赞美他人，或吹嘘自己最好也捎带上对方，以免别人听了心理不平衡而向你发难，这样赞此捧彼更不容易给自己设置陷阱。

4. 说话灵活易变动

说话的灵活机动性在交谈中很重要。例如，接受别人的邀请，而无法确定具体时间，就可以灵活地说：“在十一前后，我去一趟吧，到时打电话给你。”或者“这个月什么时候方便，一定聚一聚”。就给自己争取了很长的一段时间。面对别人“你觉得怎么样？”的问话，如果不方便表示自己的态度或观点，或不好发表意见，就可以简单地回答：“这件事我听说了”“我注意到了”而不要表明自己的态度或观点，这样就拥

有了话语的主动权。

5. 以彼之道还施彼身

当对方无理挑事时，可以适当地抓住对方语言的破绽，以其人之道反治其人之身。在某次作家见面会上，一个小伙子笑嘻嘻地对女作家说："听说你写了60多部作品，真高产啊！"女作家不设防地说："是的。"小伙子接着讽刺道："我能知道是谁帮你写的吗？"

女作家笑笑反问："这60多部作品你都看过吗？"对方不明所以地点点头，"那我能知道是谁帮你看的吗？否则怎么会看不出作品风格的一致性？"此法的"巧"处在于抓到对方话语中的"漏洞"，一举扭转乾坤，避免了落入陷阱。

学会这些技巧，不仅仅是为了保护自己的人格尊严，更重要的是"杀鸡儆猴"，让别人清楚自己有一张"巧嘴""利嘴"，捉弄自己往往会使对方狼狈不堪，而让人再也不敢轻辱于你。

第 11 章

善用非语言辅助交流，才能让交流事半功倍

你的声音，决定了给他人的第一印象

在面对陌生人时，很多人知道要让自己穿戴得更整齐，打扮得更精致，也会非常注意自己的举止，从而给对方留下好印象。殊不知，第一印象的好坏绝不仅仅取决于这些显而易见的表象，也取决于能够听到的——我们的声音。

很多人觉得声音无关紧要，殊不知声音实际上是非常重要的。现代社会有很多人追星，难道只是迷恋明星的长相吗？不得不说，很多歌星的长相并不英俊美丽，但是他们却成功地用声音吸引住了歌迷的关注。例如韩红，大家都知道韩红的形象并非像大多数女明星般娇弱俏丽，但是却有很多人喜欢她。究其原因，是她高亢嘹亮的声音吸引了人们，让人们都愿意倾听她的天籁之音。当然，韩红是实力派歌手，不是偶像派歌手。但是不可否认的是，哪怕是偶像派歌手，也是要有美妙声音才能进入公众的视野。有的时候，如果我们闭上眼睛听歌，我们就会感到歌声如同眼神一样，也是一种交流，声音的特质也能打动人心。

日常生活中，也许我们五音不全，也许我们的嗓子不适合唱歌，但是我们可以使用一定的技巧，让自己的声音变得更加美妙，悦耳动听。也许有朋友会说，“音色是无法改变的”。

的确，每个人的声音特质不易改变，但是如果运用技巧，声音还是可以以更加完美的方式呈现的。比如，我们可以通过控制声调，让我们的声音沉稳、有特质，进而能够扣动他人的心弦。再如，我们也可以通过控制气息，让我们的声音更平和、舒缓。声音是否美妙动听，只有一部分取决于人本身的音色，更多地取决于抑扬顿挫的声调和平静舒缓的语气。只要多加练习，我们一定能成功地利用声音给他人留下好印象。

尤其是在与人交谈时，除了声音本身的很多特征会影响声音的特质之外，声音是否悦耳动听，也取决于我们是否能够恰到好处地表达。有些人说话如同连珠炮，给他人以巨大的压力感，毫无疑问是不会得到他人的接受和认可的。相反，假如语气舒缓，说话合情合理，井井有条，那么他人就会对我们形成好印象，由此必然也乐于接受我们的声音和表达，这样自然会形成良性循环。总而言之，声音能够传达的信息绝不仅仅像我们想象中那么单一，如果我们能合理有效地利用声音，就会让我们与他人的交往事半功倍，取得良好的效果。

艾米是个快言快语的人，在从事电话销售之前，她从不知道声音居然有那么大的学问和那么多的讲究。艾米之前的那份工作是销售员，不过因为她说话太快，导致无法赢得客户的信任，因而销售业绩很差。接连几个月在该公司排名倒数几位，她不得不主动辞职，实际上她是被该公司淘汰了。后来，艾米为自己找了一份做电话销售的工作，原本面试负责人听说艾米

以前做过销售工作，以为她做电话销售一定会如鱼得水，没想到艾米的电话销售业绩一塌糊涂。

原来，电话销售是通过电话与从未见过面的客户沟通，因而对于语言表达能力的要求更高。但艾米一拿起电话就喋喋不休地说，让客户根本没有时间反应，有的客户因为不耐烦就把艾米的电话直接挂断了。眼看着进该公司半个月了，但是艾米却没有任何进步，更没有哪怕是一点点的业绩，为此负责人找艾米谈话："我觉得你应该先接受声音培训，然后再来从事这份工作。"艾米很惊讶地说："声音培训？声音没法培训啊！声音是天生的，怎么培训呢？"负责人笑着说："你去培训一下就知道声音的奥秘了，这对于你以后从事任何工作都是有好处的。"就这样，艾米暂停工作，去接受声音培训了。通过培训，艾米恍然大悟自己之前做工作总是没有业绩，原来是因为自己根本不会说话，也不算有好的声音。培训之后的艾米，懂得了气息的吐纳，也知道语言表达中需要注意的细节问题。通过一段时间的勤学苦练，她把电话销售工作做得风生水起。

一个人如果不懂得控制自己的声音，说话的时候又不注意组织语言，那么他与人交谈时一定不会很顺利。的确，作为语言表达的重要因素，声音对于语言表达的效果好坏是至关重要的。

一个人哪怕外表非常好，如果一张口就让人瞠目结舌、无言以对，也是很难拥有好人缘的。尤其是在面对陌生人的

时候，我们为了给对方留下良好的第一印象，更要努力包装自己的声音。人们常说，“未见其人，先闻其声”。我们也要学会用声音给他人留下深刻的印象，为交谈奠定良好的基础。

你的手部动作，能传达你要表达的信息

王亮和张凯都是某大学电子系大二的学生。他们对国学非常感兴趣，所以经常抽时间去听课。国学教授是个50岁出头的学者，他非常喜欢别的院系的学生前来听课，并且在课间经常辅导他们。可是奇怪的是，王亮和国学教授交流得非常好，可是张凯交谈一次之后，就再也没有获得这样的机会，尽管张凯对国学的热衷程度要高于王亮很多。这到底是怎么回事呢？原来他们两人在交流时的手势有关系。

每次国学教授和王亮交流的时候，王亮总是在表达自己观点的时候，很恭敬，在发表不同意见的时候，总是伸开胳膊，伸开双手，显得非常开放。所以尽管在一些问题上，有不同的看法，但是国学大师依然很欣赏他。但是张凯就不同了，总是把胳膊交叉，抱在胸前，给人以拒人千里的感觉。难怪国学大师不喜欢他。尽管王凯对国学很有见地，但是错误的肢体语言让别人不喜欢他，从而拒绝与他交流。

在人与人交往当中，适当的手势能辅助语言的表达，甚

至比语言表达得更准确，因为人的语言或许会有假，但是身体是不会说谎的。所以，在人际交往中，身体语言能传达真实的内心情感。尤其是手势，能准确地反映人物内心的真实变化，所以，一定要多注意手势的表达，避免错误的手势传达错误的信息。尤其在与人交流中，对方关注你的眼神的同时，还会关注你的手。所以，在人际交往当中，一定要学会用适当的手势来表达情感。那么，到底如何适当地应用手势来传达信息呢？

1. 手势的使用要合乎惯例

在使用手势的时候，一定要注意，你所使用的手势是大家都认可和知晓的，这样，你使用的手势才能准确地传达你想要传达的意思。否则，你使用的手势别人看不懂，不但不能将你所表达的意思传递给对方，还可能会因此而引起误会，引来不必要的麻烦。比如介绍的手势、指示方向的手势、请的手势、鼓掌的手势等，都有其约定俗成的动作和要求，不能自己想当然地乱加使用。一般情况下，当看到自己不了解的手势时，大多数人都会保持沉默，以待观察，或者是从对方的口头语中获得相应的信息。但是有时候，有些人会误解你的意思，从而做出错误的决定，引为笑柄，对方若因此丢丑自然会恨你入骨。

2. 手势的使用要适度

在使用手势表达的时候，要适度，不能不用，也不能滥

用。有的人在与人交流的时候，两只手总是安静地待着，动也不动。这给别人一种不舒服的感觉。事实上，人在交流的时候，别人会观察你的身体语言，除了眼神外，还会观察你的手。所以，在社交的时候，要适当地使用手势语。当然，也不能滥用、乱用。不管做什么都要有个度，如果过度了，就会给别人带来压力，同样，使用手语也是一样的，比如说，握手表示欢迎，可是有的人一见面就跟你握，而且握住还不放手。试想一个人一天之内跟你见三次，还要给你握三次手，而且每次握住都不放，谁能受得了。所以，手势语的使用要有个度，不能不用，也不能过滥。

3. 手势的使用要避免“雷”区

手势语的使用也有很多的忌讳。如果不了解，就会给别人带来不好的印象，给人际交往蒙上阴影。所以，有必要掌握一些手势语使用的禁忌。在介绍某人或为他人指路的时候，要使用手掌，四指并拢，而且还需要掌心向上，这样会给别人一种受尊重的感觉。当然不能对别人指指点点。生活中很多人总是在不经意间用食指指人，这是非常不礼貌的做法。在与人交流中，手势的幅度不宜过大，更不要手舞足蹈。一般情况下，手势不应超过对方的视线，下界不低于自己的胸区，左右摆的范围不要太宽，应在人的胸前或右方进行。和对方第一次见面的时候，避免抓头发、玩饰物、掏鼻孔、剔牙齿、抬腕看表、高兴时拉袖子等粗鲁的手势动作。

总之，在使用手势语的时候，要多了解禁忌，避免因为自己的不了解而让人产生误会。这对18岁以后的年轻人来说非常重要。

关注说话者的眼神，以了解其内心想法

我们常说：“眼睛是心灵的窗户。”一个人的内心世界到底是什么样子，都可以通过眼睛透露出来。演讲者站在讲台，自身的喜、怒、哀、乐，用不着开口说话，就能够凭着眼睛的神态传递出内心的情感。而听众也不需要一定要听说话者说些什么才能获取其中的信息，只需要关注说话者的眼神，就可以了解其内心想法，知道他想要表达什么样的想法。

说话者在运用口语传递信息的同时，也自然要通过自己的眼神，把内心的激情、学识、品德、情操、审美情趣等传递给听众。你的眼神变化要与说话内容的发展和自己情绪的变化相协调，要注意眼神运用的多样性，准确地表情达意，给人以胸怀坦荡的感觉。

在说话时，不同的眼神给人以不同的印象。眼神清澈坚定，让人感到率直、善良、天真；眼神狡黠奸诈，给人以虚伪、刁奸之感；左顾右盼，显得心慌意乱；翘首仰视，显得凝思高傲；低头俯视，露出胆怯、害羞。眼神会透露人内心的真

意和隐秘，眼睛能自如地传递心灵的信息，反映人的喜怒哀乐之情。人们的思想感情常常通过眼神自然流露出来，而眼神配合口语，就能表达出丰富多彩的思想感情。因为人的眼睛有上百条神经连结大脑，它们是大脑获得信息的重要渠道，同时又受到大脑中枢神经的控制。

事实上，无论使用哪种眼神，都是为表达一定的思想内容和感情，绝不可漫无目的地故弄玄虚。同时在运用眼神时，应当表现出信心和活力，显出风度。说话者在公开场合说话时需要保持视线的目标在正前方，炯炯有神地面对听众，并且不断地兼顾全场，了解听众的反应。也就是说要把注视前方与多方位观察巧妙地结合起来，全方位地观察听众。

要做到全方位地观察听众，就需要学会运用眼神的三种技法。

1. 注视一部分听众

这种眼神的方法就是有目的、有针对性地重点注视某一局部听众。运用这种方法可赞扬和感谢那些专心致志的热心听众；引导和启发那些有疑问和感到困惑的听众；支持和鼓励那些想询问的听众；制止那些影响现场秩序的听众，使其收敛，达到控场的目的。

运用这种方法针对性要强，目光含义要明确，但是要适可而止，避免与听众目光长时间直接接触，以免使被注视的听众局促不安，或者其他听众受冷落。

2. 全方位地注视听众

这种眼神的方法是目光有节奏或周期性地环视全场，其目的主要在于掌握整个说话现场动态，照顾全场，统率全局。运用这种方法，可使全场听众产生亲近感。但必须注意，一定要照顾全局，不可忽视任何角落的听众。同时，头部摆动幅度不宜过大，眼珠不可肆意乱转。

3. 远远地注视着听众

这种眼神的方法就是目光似盯未盯地望着听众。运用这种方法可显示出说话者端庄大方的神态，有助于引导听众进入描述的意境之中，还可烘托气氛。但应注意使用不可频繁，以免给人傲慢的感觉。

可以毫不夸张地说，眼神所能传达出来的感情，往往会超过有声语言所表达的含义。也因为如此，我们才会有“会说话的眼睛”的说法。既然眼神有如此大的作用，那在演讲时更需要充分发挥眼神的作用。

沟通时要声情并茂，将听者带入沟通中

在语言表达中，我们需要将语言与感情融合起来，努力做到声情并茂地说话，如此才能抓住听众的注意力。我们都有这样的经历，儿时临睡前父母坐在床边说故事的时候，他们那神

情、那语言就好像已经化身成了故事中的主人公，而这样说故事的方式恰恰是我们喜欢的。这就是声情并茂说话的魅力。声情并茂才有人爱听，对听众才有吸引力，才容易取得好的效果。

在当众说话时，说话者不仅需要使用具体生动的语言来说明问题，而且还需要运用生动的体态语言，以及优美动听的声音，如此才能真正地做到声情并茂。如果你只是空洞地说教，面无表情、一动不动地站在那里，即便你说得多么洋洋洒洒，却还是无法调动听众的情绪。

连战先生是一个有智慧的人，所以他的演讲总会插科打诨，趣味横生。幽默的语言和举动，让他的演讲变得很生动，可以说是声情并茂。他在北大的演讲中，一上来就跟大家开了一个玩笑，笑呵呵地说北大是自己的母校——“母亲的学校”。这样一说，一下子拉近了自己与所有听众的距离。在谈到自己的出生地西安的时候他说：“日本人占了洛阳，轰炸重庆，天天从西安上面过去，然后回来，用不完的炸弹都掉在西安。”听众听到这里马上心领神会。

连战先生能够如此成功地做完这次演讲，关键就在于他运用自己的智慧和幽默，以及恰当的体态语言，使演讲变得有声有色。他把非常严肃和刻骨铭心的记忆用这样一种活跃的形式表达出来，确实让人记忆深刻。

学校里的徐老师虽然年过半百了，但他拥有很多“粉丝”，这些“粉丝”都是听过他课的学生。如果你问学生为什

么会这样喜欢徐老师，他们则会回答："讲课时声情并茂，十分精彩。"

原来，在课堂上，徐老师完全把自己融入了课文故事中，时而是狡猾的狐狸，时而是聪明的小白兔，时而是声音颤抖的老人，表情生动，惟妙惟肖，逼真极了。这样一来，无论是多么枯燥的课文，但只要徐老师来上课，那么整个课堂就会变得活跃起来。

声情并茂地说话，实际上就是将个人的情感融入说话过程中去，而不是把自己脱离出来。当情感真正地融入说话中去，那么你的声音、神态、表情，甚至身体语言会随着内容的不同而发生相应的变化，就好像表演一样，只有真正地融入其中，才能更深入地表达出自己的想法和观念。

那么在实际说话中，如何做到声情并茂呢？

1. 声音、情感与说话内容协调一致

声情并茂地说话，要求说话者的声音、情感与所说内容协调一致，悲伤时用沉重的语调，神情沉痛；高兴时用欢快的语调，面带笑容。这样才能更准确地用语言表达出内心的想法，听众也才能真正地被你带入语言环境中。

2. 切忌沾上表演的痕迹

虽然要求说话者声情并茂地说话，但并不是要说话者像演员一样去做戏，而是将自己的真实情感融入说话中，不要太夸张，无做作，这样才能大方自然地表现出自己内心的情感。

借助于神态举止了解他人的真实内心

每个人都知道语言沟通的重要性，但是却很少有人知道非语言沟通同样非常重要。曾经有位心理学家经过研究证实，语言传情达意的作用在沟通中只占很少的一部分，反而非语言沟通在沟通中起到了至关重要的作用。当然，非语言沟通有很多种，诸如面部表情、身体姿态、各种动作等，都是非语言沟通的范畴。

当然，在诸多非语言沟通的形式中，神态举止是人们最常见的非语言表现，而且大多数人对于神态举止都是没有明确的感知的。如果我们能意识到神态举止对于语言沟通的重要辅助作用，并且有意识地利用神态举止表达自己，那么我们就会发现神态举止在沟通中的作用。

通常情况下，神态举止能够最真实地反映出一个人的内在修养与素质。所以要想与他人，尤其是与陌生人顺畅地沟通，我们除了要使用语言之外，更要留神自己的神态举止，也要注意观察对方的神态举止。然后，根据事情发展的实际情况，我们再来以神态举止表达自己的各种想法和观点，从而使对方更加深刻地理解我们的意思。

有个大学生毕业于名牌大学，但是他找工作的过程却充满坎坷和挫折。有一次，他在同学介绍下去了一家知名的外企应聘，虽然他在笔试和复试阶段的表现都非常好，但是最终与自

己心仪已久的工作失之交臂。他觉得很委屈，因为他根本不知道自己错在哪里。

幸好，这家公司有他的一位师哥，于是在面试的整个过程都结束后，他询问那位师哥自己为何会被淘汰，该师哥说：“其实你非常优秀，各方面也完全符合公司的要求。但是你要知道，我们公司是与日本合资的企业，因而也有日方的管理者。日本人向来注重礼仪，在面试即将结束时，你居然跷起了二郎腿，这是日方的负责人绝对不能接受的。原本，中方负责人看中了你的学历和经验想要留下你，但是他们也觉得你的举止缺乏教养，因而当日方负责人说要淘汰你时，他们觉得很丢脸，根本无法为你争取机会。”听到该师哥的话，他懊恼不已，他一直以来习惯了这样的坐姿，不管是在家里还是在学校里都是如此，哪里能想到自己居然会因此与一份自己心仪的工作失之交臂呢！从此以后，他特别注重自己的言行举止，而且在与他人沟通时总是能保持恰到好处的神态。果不其然，他改掉不良的习惯后，顺利地找到了不错的工作。

正因为肢体语言是下意识表现出来的，肢体语言往往会透露出某人更多的信息。如果说语言和表情都能伪装，那么伪装肢体语言的难度则要高很多。毕竟人们的很多动作都是下意识做出来的，而且带着日常生活中根深蒂固的习惯，根本无法成功戒掉。

首先，理解他人的肢体语言时我们也不能绝对化，因为

人与人各不相同，所以即便是相同的肢体语言表现在不同的人身上，也往往会有与众不同的含义。其次，我们也不能先入为主，仅凭肢体语言的表现就判定一个人。在观察他人的神态举止时，我们要设身处地地考虑到他人独特的性格，也要根据事发当时的具体情况来对他人进行判定。总而言之，神态举止是除了语言表达之外最重要的表达方式，也是我们下意识地透露自己内心和有意识了解他人内心的有效渠道。我们必须意识到肢体语言的重要性，才能在与他人沟通时借助于神态举止了解他人的真实内心，从而使交流能够达到事半功倍的效果。

参考文献

[1]醉流枫. 超级沟通心理学[M]. 北京：台海出版社，2016.

[2]罗纳德·B.阿德勒，拉塞尔·F.普罗科特. 沟通的艺术学[M]. 北京：北京联合出版有限公司，2017.

[3]宋晓阳. 完美沟通[M]. 北京：中国友谊出版公司，2020.

[4]刘艳华. 沟通心理学[M]. 天津：天津科学技术出版社，2017.